AF409634

Tamayo Valencia, Alfonso
    Como identificar formas de enseñanza: / Alfonso Tamayo Valencia.
–Bogotá: Cooperativa Editorial Magisterio, 1999.
    122 p. ; 21 cm. –(Colección mesa redonda)
    Incluye bibliografía.
    1. Pedagogía 2. Modelo Porlán (Pedagogía) 3. Educación - Colombia
    I. Calderón, Judith II. Tít. III. Serie
    370 cd. 19 ed.
    AGR5380
                    CEP-Biblioteca Luis-Angel Arango

Alfonso Tamayo Valencia

Cómo identificar formas de enseñanza

MESA REDONDA
MAGISTERIO

Colección Mesa Redonda

CÓMO IDENTIFICAR FORMAS DE ENSEÑANZA

Autor
© *ALFONSO TAMAYO VALENCIA*

Libro ISBN: 978-958-20-0490-3

Primera edición: 1999
Segunda edición: 2008
Tecera edición: 2011

© *COOPERATIVA EDITORIAL MAGISTERIO*
Diag. 36 Bis *(Parkway La Soledad)* Nº 20-70 PBX:
Bogotá, D.C., Colombia.
www.magisterio.com.co

Dirección General
ALFREDO AYARZA BASTIDAS

Dirección Editorial
ILSE PATRICIA SÁNCHEZ R.

CONTENIDO

Citas bibliográficas

PRESENTACIÓN

Esta investigación está orientada a la confrontación de un modelo pedagógico con los saberes y las prácticas de enseñanza de maestros innovadores en Boyacá, Colombia. El proyecto ha sido auspiciado por el Instituto Colombiano para el Fomento de las Ciencias COLCIENCIAS y el Instituto de Investigaciones y Formación Avanzada I.I.F.A. de la Universidad Pedagógica y Tecnológica de Colombia U.P.T.C.

En esta primera parte se identifican las características de la educación colombiana, señalando sus carencias con el fin de proponer el Modelo Porlán como una alternativa para confrontar la tendencia pedagógica en la cual se inscriben las prácticas de enseñanza.

Se parte de la hipótesis de que solamente ubicando el tipo de enseñanza en algún referente pedagógico es posible explicitar la identidad del maestro y señalar la necesidad de identificar los problemas a fin de generar las posibilidades de su solución.

El objetivo de esta publicación es que la comunidad de docentes disponga de un marco general para pensar el significado y sentido de su labor cotidiana en el aula.

Ese texto ha sido posible gracias al trabajo generoso y abnegado de un equipo de personas que se han identificado en la búsqueda de alternativas para el mejoramiento de la educación en nuestro país. Destacamos entre ellos a Isabel Fagua, Orlando Hernández, Judith Calderón, Sonia Ardila, Roberto Ávila, Carmen Alicia Martínez y al grupo de profesores del Departamento de Didáctica de la Universidad de Sevilla (España), especialmente al Dr. Rafael Porlán, quien animó permanentemente la realización de esta primera parte de la investigación.

Capítulo primero

Educación, pedagogía y formación de maestros en Colombia

El contexto internacional

A finales del siglo XX es cada vez mayor el consenso acerca de la necesidad de reestructurar los sistemas educativos en el mundo entero. En oriente y en occidente, pedagogos y administradores, políticos e investigadores trabajan en la elaboración y puesta en marcha de una nueva propuesta pedagógica que exprese, en lo educativo, los grandes cambios que en el conocimiento y en la ética, en la cultura y en la política, se vienen abriendo paso como nuevos paradigmas para la comprensión del mundo.

En efecto, asistimos hoy a un verdadero cambio de paradigmas en el orden del conocimiento. El modelo de cientificidad que sobredimensionó la lógica de la investigación desde el pensamiento positivista, caracterizado por la observación empírica que establecía como único criterio de verdad la experimentación de los hechos mediante procesos hipotético-deductivos que pretendían validez universal y necesidad lógica y que encontró en las matemáticas un instrumento eficaz para la generalización de sus resultados a través de las leyes objetivas, entra en crisis al concebir un mundo dado y estático que descontextualiza el proceso de conocimiento al desconocer el mundo de la cultura y la historicidad misma.

Hoy se reconocen otras alternativas que debilitan las fronteras entre el conocimiento de las ciencias naturales y el de las ciencias sociales. Según esta nueva visión epistemológica y crítica, el conocimiento se construye desde variadas fuentes que vienen de la cultura local, del mundo de los valores, de la tradición y aún del conocimiento popular.

Del modelo rígido de un saber científico obtenido con el método de investigación de las ciencias naturales se pasa hoy al reconocimiento de otras formas válidas de conocer: las visiones del mundo de los mitos, de la religión, de las analogías, del saber popular, la ética y la estética.

Ya no solamente se cuestiona el cientificismo clásico sino que se reconocen las particularidades de cada contexto o las formas de vida dentro de las cuales el significado y el sentido del conocimiento se definen desde los diversos "juegos de lenguaje" que cada comunidad usa para propósitos específicos. Una "ecología conceptual" que reduce el análisis de los hechos desde la lógica de la identidad a uno de los muchos juegos de lenguaje posible en una dimensión pragmática de los saberes que se expresan en el lenguaje[1].

El anterior planteamiento exige una revisión del quehacer de la educación y de la escuela desde el punto de vista de los contenidos de aprendizaje. ¿Qué se enseña? ¿Quién y con qué criterios selecciona los contenidos? ¿Cuál es la relación de esos contenidos con los desarrollos del conocimiento en todos los niveles?, son preguntas pedagógicas que urgen investigaciones que se orienten a poner al día la circulación de saberes en la escuela y que exigen una confrontación entre el saber popular y la cultura académica[2].

De otra parte y con igual fuerza asistimos hoy a una reconceptualización del campo de la ética y de la filosofía de los valores que pasa por una crítica contundente a las éticas de corte trascendental, que construyen unos criterios y unas normas generales para la calificación de la acción moral, como lo hace Kant, válida para todos los hombres en cualquier mundo posible, como imperativo categórico de la razón individual y práctica encerrada en sí misma.

En su lugar se habla hoy de una fundamentación débil de la moral, que reconoce la importancia de la acción comunicativa para construir por consenso una ética civil que autorregule el comportamiento social y que comprometa a los sujetos en procesos de discusión y argumentación racional, donde la calidad del mejor argumento sea aceptada con tolerancia y dentro del respeto mutuo que se constituye en condición de posibilidad para una ética civil, determinada por el contexto histórico y sujeta a modificaciones de acuerdo con los intereses de los sujetos involucrados en el reordenamiento de la acción social[3].

La educación recupera así su dimensión formadora y se orienta a la construcción de valores humanos más allá de la simple profesionalización o de la exagerada especialización técnica.

Lo ético se convierte en eje fundamental de la educación y busca la valoración de la enseñanza y de la educación desde la pregunta por los fines que la orientan. ¿Cómo formar hombres más humanos, más solidarios, más respetuosos de las diferencias y no solamente más eruditos y más especializados? Es éste otro de los retos que afrontamos a finales de siglo.

Es preciso resaltar las importantes investigaciones que reconocen el cruce de culturas como formas de vida que se suceden en la escuela y cada vez se critica más cualquier tipo de hegemonía que pretenda establecer una cultura sobre otra. El tema de las "culturas híbridas"[4] entendidas como la variedad de influencias modernas y posmodernas que sobreviven en las formas de vida latinoamericanas nos lleva a un reordenamiento de las ciencias sociales, para que, mediante un proceso interdisciplinario, se valore lo local y se intercambien productivamente lo universal de la cultura con los contextos particulares e históricos en los cuales esa cultura es asimilada, recreada y transformada en sincretismos y formaciones cruzadas que permitan una comprensión del sentido y significado de las formas de vida expresadas en la interacción social.

En lo político, "las transformaciones globales del orden internacional y el avance del reordenamiento de las economías mundiales en torno al valor de la tecnología han puesto en el centro de la mira a los sistemas educativos. En ellos recae la responsabilidad de generar y difundir el conocimiento en la sociedad y por lo tanto se constituyen en la instancia decisiva que está en la base de la carrera tecnológica, es decir de las posibilidades económicas futuras de la sociedad"[5].

Con Inés Aguerrondo podemos afirmar que esta demanda que se hace bajo este nuevo paradigma, según el cual el desarrollo es imposible si no se mejora el conocimiento y se invierte en educación, contrasta con la precaria situación del sistema educativo. "Bastantes diagnósticos han demostrado empíricamente los problemas de burocratización de la administración, de rutinización de las prácticas escolares, de la obsolescencia de los contenidos curriculares, de ineficiencia en los resultados finales. La expansión sufrida por los sistemas educativos a partir de la segunda guerra mundial, sobreimpuesta a un modelo de gestión pensado para otras dimensiones, la diversificación de clientelas originada en la incorporación de sectores sociales con bases culturales

12

diferentes, y las restricciones materiales que acompañaron los procesos de endeudamiento y ajuste, han hecho no pertinentes tanto los objetivos como los modelos de gestión y administración tradicionales, cuyas características de artesanales y basados en las relaciones primarias no puede sostenerse junto a la complejización que acarrea el gran número"[6].

Con lo cual queda claro que el problema no es solamente de tipo cuantitativo sino fundamentalmente cualitativo lo cual supone volver a pensar hacia dónde debe ir la escuela y cómo ponerla al día con el desarrollo de la nueva época.

El contexto nacional

La educación colombiana a partir de 1982 ha venido generando un gran movimiento pedagógico[7] que busca ponerse al día con ese contexto internacional. La Federación Colombiana de Educadores, el Ministerio de Educación Nacional y las Instituciones que tienen que ver con la ciencia y la cultura, han venido buscando alternativas para el mejoramiento cualitativo de la educación y la enseñanza.

El movimiento pedagógico ha realizado dos congresos de pedagogía a nivel nacional (1987, 1995) en los cuales diferentes colectivos de maestros presentaron los desarrollos que se vienen dando en los diferentes campos de la investigación educativa.

Este movimiento pedagógico orienta su acción en dos sentidos:

a) Hacia una posición crítica frente a las políticas educativas del Estado. b) Hacia un fortalecimiento de la pedagogía y de la didáctica al interior de las prácticas escolares en las instituciones.

Como un verdadero florecimiento de las investigación pedagógica, se ha caracterizado esta última década[8] que aporta al país y a Latinoamérica propuestas innovadoras tanto en la conceptualización misma de la pedagogía como en la puesta en práctica de modelos curriculares alternativos.

Por su parte el Ministerio de Educación viene gestionando una política de reestructuración de la educación que, gracias a la nueva Constitución Nacional (1991) y a las leyes sobre educación (ley 115 y ley 30), buscan reordenar el sistema educativo, bajo parámetros de autonomía, flexibilidad curricular, investigación educativa y descentralización, lo que no se hacía desde 1903.

El Plan de Apertura Educativa y el llamado "salto social" presentados por los dos últimos gobiernos ponen las bases para una renovación pedagógica de la educación colombiana[9].

De otra parte, la Ley de Ciencia y Tecnología, el Documento del Consejo Nacional de Política Económica y Social, CONPES y el Informe de los Sabios[10] señalan la crisis y proponen elementos fundamentales para el mejoramiento cualitativo de la educación, además de contener iniciativas importantes para un cambio de actitud entre los actores directos del proceso de enseñanza.

Todos estos documentos e investigaciones parten de un diagnóstico que señala la crisis de la educación caracterizada por la baja cobertura y la falta de calidad. Nos informan sobre el alto índice de deserción en la educación básica, enfatizan sobre la baja cobertura en la educación secundaria (46%) y la crisis de un modelo profesionalizante, masivo y tradicional, en la educación superior[11].

Desde el punto de vista cualitativo, reconocen la vigencia de un estilo de enseñanza tradicional basado en la repetición, la memoria y el autoritarismo, como también en la escasa competencia comunicativa, el bajo nivel en razonamiento lógico-matemático y la carencia de un ejercicio democrático que apunte a la construcción de una ética civil en el aula.

Frente a este desolador diagnóstico proponen legal y académicamente otras alternativas que apuntan a la consolidación de la autonomía escolar basada en el saber pedagógico, a la construcción de Proyectos Educativos Institucionales y a la construcción de normas de convivencia ciudadana que regulen el gobierno escolar por consensos donde la tolerancia y la comunicación superen el dogmatismo y la violencia.

Para la educación superior se propone la construcción de un modelo curricular basado en la investigación y se insiste en la conformación de una verdadera comunidad académica que haga de la enseñanza y de la investigación un proyecto que impacte en la sociedad, en la economía y en la política.

Tanto el Movimiento Pedagógico como las políticas estatales señalan la investigación científica como el eje fundamental de esta reestruc-turación y ponen las condiciones financieras y los referentes conceptuales para su realización.

Particular tarea se asigna a las facultades de Educación a las cuales se les señala por Ley (artículo 112 de la Ley 115) la responsabilidad en la formación y capacitación del magisterio colombiano y la construcción de su propia identidad institucional alrededor de la pedagogía y de la ética.

La transformación del sistema educativo nacional tiene que empezar por la generación de cambios de actitud en los docentes y particularmente en las Facultades de Educación, pero estas transformaciones solamente se lograrán cuando la investigación de los propios procesos de enseñanza se conviertan en el motor que impulse la discusión colectiva sobre modelos didácticos posibles y su fundamentación epistemológica y pedagógica.

Esto quiere decir que es preciso empezar por reconocer los modelos didácticos que subyacen a las prácticas actuales de docencia y, preguntándonos por sus fundamentos, entrar en un debate productivo con otras corrientes y otros modelos pedagógicos y didácticos que tengan mayor pertinencia social y académica.

La enseñanza en las Facultades de Educación ha estado amarrada a un modelo curricular tradicional que abusa de los contenidos cognoscitivos, exige la planeación rigurosa de acciones en el aula y evalúa cuantitativamente dejando por fuera otras alternativas.

Hoy en día se vienen haciendo esfuerzos por la construcción colectiva de un currículo flexible que, más que una sumatoria de asignaturas, sea una hipótesis de trabajo, un proyecto educativo con énfasis en la investigación y permanentemente evaluable.

Boyacá

La educación en el Departamento de Boyacá se inscribe dentro de la crisis señalada a nivel nacional pero adquiere dimensiones graves cuando se lee la baja cobertura de la educación secundaria (34%), el carácter obsoleto de la educación rural y el poco impacto de las Universidades en el desarrollo social y económico del Departamento[12]. Más grave aún cuando en las investigaciones sobre logros cognitivos en la educación básica, Boyacá ostenta uno de los más bajos índices junto con Bolívar y Córdoba[13].

Se hace entonces urgente e inaplazable la investigación sobre formas de enseñanza, el fortalecimiento de las experiencias innovadoras existentes en el Departamento y la construcción de modelos alternativos para la capacitación de maestros en ejercicio.

Bien sabemos que la calidad de la educación es un asunto complejo que no se agota en la investigación sobre los procesos de enseñanza[14], pero existe el convencimiento de que ésta es, sin duda, uno de sus principales elementos.

La tarea para los educadores del próximo milenio tiene que ver con el fortalecimiento de su saber pedagógico, que les permita llenarse de razones para que la práctica docente tenga sentido y significado, vale decir, incursionar en el vasto campo intelectual acerca de las formas de enseñanza, los fines de la educación, la relación de la ciencia con la cultura y los modelos pedagógicos desde los cuales es posible conceptualizar, aplicar y experimentar en orden a lograr una educación con calidad.

Tiene que ver también con el establecimiento de una relación apasionada con el conocimiento que permita la confrontación inteligente de los saberes populares con lo mejor de la ciencia y tecnología para repensar su factibilidad en la solución de necesidades sociales.

Finalmente esta tarea apunta a la construcción de un proyecto ético que dé sentido y significado al docente como profesional, que construya comunidad académica alrededor del debate productivo entre pares y que permita el sano ejercicio de la democracia por el reconocimiento de la dignidad de todas las personas que conforman la comunidad educativa.

Pedagogía, conocimiento y ética serán los ejes sobre los que se construirá la identidad del maestro como trabajador de la cultura, hombre público e intelectual orgánico.

PANORAMA EDUCATIVO

Por lo menos en lo legal, contamos ya con un conjunto de derechos que hablan de autonomía escolar, participación comunitaria en la gestión institucional, currículos flexibles, enseñanza bilingüe, programas adecuados a las estructuras regionales, libertad de enseñanza religiosa, libertad de cátedra.

En la Ley se establecen de manera general los objetivos y fines de la educación. Se definen las áreas fundamentales por nivel y se articulan al Proyecto Educativo Institucional (P.E.I.) que sirve de carta de navegación o de mapa que dota de sentido y significado toda la labor de las instituciones educativas. "La esencia de la Ley General de Educación radica en una nueva forma de currículo basada en la autonomía escolar"[15].

Como ya fue señalado desde los años 80 se ha venido consolidando en nuestro país un gran Movimiento Pedagógico Nacional que convoca a más de 200.000 maestros afiliados a la Federación Colombiana de Educadores y que tiene como metas definitivas fundamentar pedagógicamente la labor del docente y cualificarlo para ser interlocutor válido frente a las políticas estatales en educación[16].

Este movimiento pedagógico, con o sin el apoyo de Fecode, ha venido creciendo y se constituye hoy por hoy en un hecho histórico irreversible como lo han demostrado los dos congresos pedagógicos nacionales, la conformación de centros de estudio e investigaciones docentes en cada uno de los sindicatos de maestros, la difusión y el análisis de pensamiento pedagógico, educativo y didáctico de los maestros colombianos a través de la Revista Educación y Cultura con 45 números trimestrales de edición continua.

Es notable también la profusa gama de publicaciones sobre temas educativos que han aparecido en el país en los últimos ocho años, (solamente la Editorial del Magisterio cuenta con una gran cantidad de libros editados), el acceso a redes de información especializada a través de Internet, así como la proliferación de facultades de educación (de 16 en 1985 se pasó a 72 en 1991) y programas de posgrado en educación que ofrecen las más variadas especializaciones para docentes en ejercicio (en la U.P.T.C. de Tunja existen 16)[17].

Si a estos hechos añadimos la consolidación de grupos de investigadores en las Universidades con proyectos en marcha y publicaciones importantes, además de los grupos particulares o fundaciones que también realizan investigaciones serias sobre educación y las políticas del M.E.N. y de las Secretarías de Educación de cada departamento para cualificar a sus docentes, *tendríamos que concluir forzosamente que la calidad y la cobertura del Sistema Educativo son satisfactorias: que la Ley mejoró la educación, que el Movimiento Pedagógico generó un verdadero pedagogo y un actor político fundamentado, que los docentes leen y aplican las nuevas ideas expresadas en las publicaciones y que los investigadores trabajan unidos con los docentes y con los administradores de la educación proporcionando así el más alentador panorama para la Educación Colombiana.*

Pero lamentablemente esto no es así.

Como lo señalamos anteriormente, las investigaciones muestran la inequidad en la cobertura y la baja calidad en cuanto a competencias mínimas exigidas a la escuela en el concierto mundial. Los resultados del tercer estudio internacional sobre la enseñanza de las ciencias y matemáticas, realizado entre cincuenta países, ubican a Colombia en el puesto cuarenta y nueve; únicamente por encima del África del Sur y a años luz de Japón, Singapur y Corea, quienes ocupan los primeros puestos[18]. Los niños "aprenden poco y lo poco que aprenden no les sirve para nada"[19].

Frente a esta situación decidimos entonces buscar alternativas con potencia pedagógica y didáctica para la transformación de este estado de cosas. Aprovechando nuestra experiencia como profesores de la Facultad de Educación de la U.P.T.C. en Tunja y analizando las propuestas que los distintos grupos de investigación vienen realizando en el país nos dimos a la tarea de reflexionar sobre el punto que consideramos fundamental en toda esta problemática: la formación de maestros y la cualificación de maestros en ejercicio, como ha sido reiterado a nivel internacional cuando se piensa sobre la calidad de la educación[20].

Algunas tendencias sobresalientes en Colombia

Encontramos en el trabajo del grupo Federicci elementos valiosísimos para la reconstrucción de la pedagogía desde la perspectiva de la teoría de la acción comunicativa[21] y en los trabajos del grupo de investigación sobre la historia de la práctica pedagógica en Colombia, dirigidos en la Universidad de Antioquia por Olga Lucía Zuluaga, pudimos valorar el análisis de la historia para pensar la manera como se constituye la identidad del maestro en Colombia, sus vacíos y sus problemas, pero sobre todo nos fue útil para reconocer la pedagogía como el saber propio del maestro y desligarla de la teoría general de la educación[22]. Valoramos el esfuerzo hecho por el grupo de investigadores de la Universidad del Valle, dirigido por Mario Díaz y fundamentado en la Sociolingüística de Basil Bernstein donde se muestran los intereses ideológicos y socioculturales que atraviesa el discurso pedagógico[23], como también analizamos el trabajo que desde una perspectiva constructivista viene realizando un grupo de profesores de la Universidad Pedagógica Nacional liderados por el profesor Rómulo Gallego B.

Importantes aportes que nos permiten reconocer un campo intelectual vasto y complejo donde se analizan y caracterizan alternativas para la reconstrucción de la pedagogía y la didáctica y para la conceptualización y aplicación en el campo de la enseñanza. En otros trabajos hemos presentado lo mejor de estas ideas y hemos señalado su valor y límite[24].

20

Un somero análisis de las políticas actuales de formación de docentes nos permiten caracterizarlas de la siguiente manera:[25]

- Son demasiado teóricas, desarticuladas del contexto institucional y de la cultura local.

- Tienen una fe ciega en la aplicación de recetas operacionales descontextualizadas de las corrientes que les dieron origen.

- Carecen de fundamentación epistemológica, psicológica, pedagógica, ética, didáctica o, por el contrario, exaltan al máximo el activismo del docente, del espontaneísmo en el manejo de la clase bajo el sofisma de respeto al estudiante y a la cultura local.

A diferencia de países como España, donde la formación del Magisterio para la básica primaria y el preescolar se realiza durante tres años y con marcado énfasis en los aspectos didácticos, en Colombia la formación de licenciados está atiborrada de asignaturas que, durante dieciséis semanas semestrales y ocho semestres, pasean al estudiante por la más diversa gama de teorías, corrientes, autores, doctrinas y problemáticas.

Un estudiante de licenciatura en Psicopedagogía de la Facultad de Educación de la U.P.T.C. en Tunja tiene que dar cuenta de más de cuarenta asignaturas como: psicología, sociología, didáctica, pedagogía, filosofía, técnicas, legislación, metodología, microenseñanza; presentadas sin ninguna articulación ni pertinencia social; vale la pena decir que no hay un enfoque interdisciplinario ni se preocupan por resolver problemas de la población....

Si a esto se añade la mal llamada "cultura de la fotocopia" según la cual el docente selecciona pedazos de libros que el alumno va acumulando sin ninguna lógica, sin ninguna discusión sobre su pertinencia y la mayoría de las veces sin ningún ejercicio de argumentación, aplicación o asimilación, entonces la formación del futuro maestro se convierte en ritual eterno de memorización, repetición y obediencia.

Un estudiante puede ser especialista en la hermenéutica de Gadamer pero no ser capaz de relacionarla con los fines de su carrera, las prácticas de enseñanza y la aplicación de las concepciones filosóficas para el mejoramiento de los procesos de enseñanza y la construcción de conocimiento en la escuela.

Mucho más grave aún cuando se legitima una tricotomía entre pedagogía, saber específico y métodos de investigación.

Otra tendencia familiar en la formación de maestros y que se ha vuelto común en aquellos docentes que se reclaman pragmáticos, concretos y reales de "tiza y tablero", es acudir a entregar en los cursos recetas prácticas para aplicar en la enseñanza: —¿Cómo hacer Etnografía?: No se complique, lleve un diario de clase, regístrelo todo, tome fotografías, recoja y coleccione los trabajos de los alumnos, haga entrevistas, elabore y aplique cuestionarios, filme todos los eventos de la Escuela, etc... y ¿por qué? ¿para qué? ¿desde dónde? No se haga esas preguntas, que eso es "pedagogicismo", "cháchara conceptual", "filosofía barata". Siga las instrucciones, cuente con muchos documentos, y el análisis y la interpretación y la sistematización y la cualificación y los cruces y las comprensión y los fundamentos: ¡Déjelo a los teóricos! ¿Quiere ser constructivista? Lea tres o cuatro artículos fáciles publicados en revistas nacionales o fotocopias del taller realizado durante dos días por el "especialista" de turno. Saque los puntos o pasos principales del proceso y aplíquelos rígidamente en la clase.

Dialogue con los alumnos, negocie todo, dé libertad y déjese guiar por el interés del estudiante. No evalúe, ya que cualquier trabajo es un gran esfuerzo del alumno y no importa qué dice o qué hizo pues eso es un "logro personal, único e irrepetible", aplique la receta, no profundice en las teorías, no compare su forma de trabajo, no critique ni mucho menos analice, si con esta receta tuvo éxito el profesor que nos dictó el curso, entonces es infalible.

Y ¿dónde están los fundamentos? ¿cómo han evolucionado estas corrientes? ¿cuáles son los aportes que puedo hacer desde mi experiencia? ¿cuál es la hipótesis que estoy poniendo a prueba? Por esta tendencia se puede llegar a reducir las alternativas pedagógicas contemporáneas a una simple tecnología educativa aplicada, tan o más peligrosa que la que se generó en los años 60 con base en la Psicología Conductista.

Pero, como lo ha denunciado Olga Lucía Zuluaga[26] y lo han corroborado posteriores trabajos[27] el problema fundamental en las políticas de formación de maestros es el olvido de la pedagogía y la ausencia de debate acerca de sus *fundamentos*.

Numerosos estudios[28] revelan que el docente comprende la enseñanza como la transmisión de contenidos y la pedagogía como el *método* o las técnicas para "llegar al alumno".

La formación de maestros ha estado marcada por este supuesto que reduce un acontecimiento tan complejo como es la enseñanza[29] y le desconoce sus múltiples relaciones con el lenguaje, la cultura, el pensamiento, la ética, la estética, la política, la lúdica, el arte.

Y reduce la pedagogía a la didáctica y ésta a las técnicas de persuasión, desconociendo el inmenso campo de reflexión sobre los procesos de formación humana y construcción de conocimiento, así como las relaciones de la didáctica con la Epistemología y la Ética.

Es como si la pedagogía no tuviera una historia, unas corrientes, unos conceptos, un estatuto propio. Es como si lo más importante en la formación del maestro fueran los contenidos científicos de su saber específico, sea Química, Biología, Matemática, Física, Psicología, Historia, Geografía.

¿Pero quién resuelve las preguntas sobre los fines, los criterios para seleccionar contenidos, las estrategias curriculares, las alternativas didácticas, la relación del conocimiento escolar con el extraescolar? ¿Quién se pregunta por la relación de la Enseñanza con el conocimiento? ¿A quién le toca pensar el problema de la enseñanza como formadora de valores? Una conclusión lamentable respecto a la formación de maestros, para el caso de las Escuelas Normales, es la que aporta Aracely de Tezanos[30] quien en su investigación sobre las Formas de Enseñanza en la Escuela Normal de Varones de Tunja concluye que los maestros se forman por imitación a la manera como los artesanos de la Edad Media aprendían su oficio observando y repitiendo lo que hacían sus maestros.

Exceso de teoría, abuso de las recetas, ausencia de fundamentación, exaltación del "activismo", son *elementos* claramente identificables, cuando describimos las prácticas y políticas en las facultades de educación. Lo más grave es que, salvo contados esfuerzos, este mismo esquema o forma de trabajo se reproduce cuando se trata de capacitar maestros en ejercicio.

Se dictan cursos, se hacen talleres intensivos para entregar la fórmula mágica, se juega al espontaneísmo sobrevalorando el activismo, se capacitan supervisores para que después multipliquen lo que aprendieron y se gastan así sumas en capacitación por el mero prurito de hacer algo durante la administración de tal o cual político en la Secretaría de Educación. Situación que se agrava cuando, por virtud de la Ley 115 y del Decreto Reglamentario 7009 se han abierto las puertas para que universidades de baja calidad ofrezcan capacitación de baja calidad por el único afán financiero, sin ningún control por parte del ICFES, bajo la indiferencia de las universidades de calidad y la complacencia de algún sector de profesores que encuentran aquí otra manera, aunque un poco más costosa, de revivir la "feria del crédito", tan criticada en la época de los Centros Experimentales Pilotos (C.E.P.).

- ¿Qué es lo que ha fallado en las políticas y programas de capacitación de docentes?
- ¿Cómo construir una alternativa para el mejoramiento de los procesos de enseñanza, que aproveche estos aportes y los ubique en el trabajo cotidiano de la escuela?
- ¿Cómo articular la teoría con la práctica?
- ¿Cómo reconocer el saber pedagógico de los docentes y tomarlo como punto de partida para futuras transformaciones cualitativas?
- ¿Cuál es la manera más adecuada para realizar trabajos de largo aliento, que aprovechen la legislación vigente y abran espacios para el ejercicio real de la autonomía escolar?

Capítulo segundo

Hacia una alternativa posible

Tenemos un panorama de la educación en Colombia, desde el punto de vista de la cobertura y de la calidad y se han señalado las tendencias actuales de la pedagogía y las políticas en la formación de maestros, pero los principales interrogantes acerca del mejoramiento de la calidad de los procesos de enseñanza, aún subsisten.

Aunque se reconoce el inmenso campo intelectual que existe acerca de la educación y la pedagogía, nos interesa particularmente la didáctica, ya que es la transformación en este aspecto de la pedagogía lo que tiene una explicación más directa y unas consecuencias prácticas inmediatas en la labor de los docentes.

En esta búsqueda de alternativas que vinculen lo teórico con lo práctico, que tengan claro su fundamentación epistemológica, pedagógica y psicológica, que sean el resultado de procesos de investigación de la realidad escolar, nos aproximamos a la obra del grupo de profesores del Departamento de Didáctica de la Universidad de Sevilla (España), liderado por el Profesor Rafael Porlán[31].

Este grupo viene realizando, desde hace 10 años, un trabajo teórico y empírico en torno al estudio del conocimiento profesional y, particularmente, de las concepciones y obstáculos epistemológicos de los profesores. Han formado un verdadero equipo de investigación sobre la Didáctica y mantienen la publicación de la Revista *Investigación en la Escuela y el Proyecto de Investigación y Renovación Escolar (IRES)*.

Desde 1987 vienen orientando su trabajo basados en el principio de la investigación en la Escuela, según el cual la investigación de problemas relevantes es la estrategia didáctica más adecuada para favorecer la evolución y el desarrollo tanto de los estudiantes como de los profesores.

Los fundamentos teóricos de esta propuesta se pueden resumir en tres, así:

"a) *La perspectiva constructivista*, basada en que los alumnos y los profesores, al igual que el resto de las personas, poseen un conjunto de concepciones sobre el medio, en general, y sobre el medio escolar, en particular. Estas concepciones son, al mismo tiempo, "herramientas" para poder interpretar la realidad y conducirse a través de ella, y "barreras" que impiden adoptar perspectivas y cursos de acción diferentes (Bachelard, 1938; Pope y Gilbert, 1983; Claxton, 1984; Novack, 1987; Porlán et al., 1988).

Estas concepciones y las conductas asociadas a las mismas pueden evolucionar a través de un proceso más o menos consciente de reestructuración y construcción de significados, basado en la interacción y el contraste con ideas y experiencias situadas dentro de la zona de desarrollo potencial de los sujetos.   Los cambios pueden afectar a zonas más reducidas o amplias del conocimiento personal dependiendo de la cantidad de concepciones implicadas y de la calidad de las mismas; es decir, de su importancia relativa respecto del conjunto.

La evolución descrita puede favorecerse y acelerarse a través de procesos de investigación dirigidos o autodirigidos: seleccionando problemas; favoreciendo la toma de conciencia acerca de las ideas y conductas propias, considerándolas hipótesis tentativas; buscando el contraste argumentado y riguroso con otros puntos de vista, con otras formas de actuar y con datos procedentes del fenómeno o fenómenos asociados a dicho problema; y, finalmente, tomando decisiones reflexionadas acerca de qué cambiar y de por qué hacerlo (García y García, 1989; Porlán, 1993).

b)   *La perspectiva sistemática y compleja* (Morín, 1977, 1982, 1986), según la cual tanto las ideas como la realidad —y evidentemente también la realidad escolar–pueden ser consideradas como conjuntos de *sistemas en evolución*. Dichos sistemas se pueden describir y analizar atendiendo a los elementos que los constituyen, al conjunto de interacciones de todo tipo que se establecen entre ellos y a los cambios que experimentan a través del tiempo. Desde este punto de vista, las concepciones de alumnos y profesores pueden considerarse como *sistemas de ideas en evolución* (García, 1994).

El contenido de las concepciones puede, a su vez, analizarse atendiendo a su grado de complejidad, situándolo en algún punto de un gradiente que va desde lo simple (más reduccionista) a lo complejo (menos reduccionista). El grado de complejidad de un determinado sistema de ideas viene determinado por la cantidad y la calidad de los elementos (significados) que lo constituyen y de sus interacciones (García, 1995b).

Sin embargo, el sistema cognitivo humano (entendido como el conjunto de los esquemas de significado de cualquier persona) no es homogéneo en cuanto a su grado de complejidad, sino que puede contener "zonas" de mayor o menor "densidad" de elementos e interacciones. Una misma persona, por ejemplo, puede manifestar diferentes niveles de desarrollo para aspectos diferentes de su vida cotidiana. No obstante, esta diversidad de grados de complejidad de las concepciones no implica la imposibilidad de establecer interacciones e integraciones parciales entre ellas. Dicho de otra manera, los aprendizajes realizados en un contexto concreto y sobre un asunto concreto, que han provocado un incremento del grado de complejidad de las concepciones asociadas, no se transfieren automática y mecánicamente a otros contextos o a otros asuntos de la misma clase, pero pueden influir en ellos.

Existe un tipo de concepciones especialmente importantes para favorecer la transmisión de lo simple a lo complejo que son las concepciones sobre las concepciones, o, si se prefiere, *el conocimiento sobre el conocimiento* (Porlán, 1993). El grado de complejidad de nuestras ideas acerca de la naturaleza de los conocimientos, de sus formas de organización y cambio, y del papel que pueden jugar en el conjunto del sistema cognitivo estas mismas metaideas a las que nos estamos refiriendo, este grado de complejidad, puede favorecer, en cierta medida, procesos de generalización, transferencia e integración entre ámbitos parciales del conocimiento personal, tanto en uno mismo como en otros. De ahí nuestro interés por estudiar las concepciones epistemológicas de los profesores.

Pues bien, *la investigación en la escuela*, entendida como la describíamos al final del apartado anterior, se concibe como *un proceso orientado de construcción de significados progresivamente más complejos acerca de la realidad* (en el caso del profesor, también de la realidad escolar). Este carácter orientado implica que el profesor o, en su caso, el formador de profesores, ha de disponer de información rigurosa acerca de las concepciones de los sujetos, del punto de vista que permiten y de la naturaleza de los *obstáculos intrínsecos asociados*. Así mismo, ha de disponer de una hipótesis acerca de la posible y deseable progresión de dichas concepciones hacia un mayor grado de complejidad, y de los contrastes e interacciones que la pueden favorecer. Por último, implica también que el profesor o el formador ha de desarrollar un método de negociación y ajuste entre su *hipótesis de progresión* y el desarrollo real de los acontecimientos, de manera que el proceso de orientación de la investigación de los sujetos no degenere en un artificio formalista y tecnológico, ciego ante los fenómenos de aprendizaje concretos, o en un espontaneísmo errático desprovisto de un referente racional (Giordan y De Vecchi, 1987; Porlán y Martín, 1991; Astolfi y Peterfalvi, 1993; Porlán y Martín, 1994)

c)   *La perspectiva crítica,* según la cual las ideas y las conductas de las personas y los procesos de contraste y comunicación de las mismas no son neutrales; de tal manera, la transición que postulamos de lo simple a lo complejo no garantiza por sí sola la consecución de los fines formativos en profesores y alumnos. Una visión más compleja del medio natural, por ejemplo, no presupone necesariamente el respeto al equilibrio de los ecosistemas o un análisis sistémico y complejo de las formaciones sociales neocapitalistas, no asegura la solidaridad activa con el tercer mundo.

Por lo tanto, consideramos que los procesos de construcción de significados hacia una visión más compleja de los fenómenos de la realidad son una condición necesaria para desarrollar determinados valores en alumnos y profesores (autonomía, cooperación, respeto por la diversidad, participación, etc.), pero no suficiente.

Adoptar una perspectiva crítica implica reconocer la relación íntima que existe entre *interés y conocimiento* o, mejor aún, entre intereses y conocimientos, de manera que las deformaciones y limitaciones que tenemos como consecuencia de nuestras concepciones sobre el mundo (las "barreras" que decíamos al principio) no son sólo el resultado de una visión más o menos simplificadora de la realidad, sino que también son la consecuencia de nuestros particulares intereses como individuo, grupo de edad, sexo, raza, especie, grupo profesional y clase social. Vemos y vivimos la vida de una determinada manera, no sólo porque tengamos una racionalidad más o menos compleja, sino también porque adoptamos una posición inevitablemente "interesada" (condicionada por determinados intereses) ante ella (Habermas, 1965).

La importancia de esta reflexión no se limita al hecho de reconocer la existencia de intereses vinculados al conocimiento, ni tampoco a que ambos fenómenos se generan habitualmente en el marco de *estructuras y dinámicas de dominación y de poder* que provocan la interiorización acrítica de una parte importante de las concepciones e intereses personales —aspectos que también se pueden poner en evidencia, en mayor o menor medida, desde las otras perspectivas teóricas analizadas—, sino que dicha importancia radica también en que sitúa en primer plano el problema de *los fines y valores, la toma de decisiones y la acción. No basta con construir y aumentar la complejidad del conocimiento: finalmente hay que decidir qué hacer, por qué hacerlo y para qué hacerlo* (Apple, 1979).

Desde este punto de vista, *la investigación en la escuela* de alumnos y profesores se entiende como un proceso orientado de construcción de significados de progresiva complejidad que favorezcan, entre otros aspectos, el espíritu crítico, la autonomía, el respeto a la diversidad, la cooperación y la acción transformadora por una sociedad más justa y más armónica con la naturaleza. En este sentido, las problemáticas objeto de investigación han de responder a criterios más amplios que los estrictamente académicos, tomando en consideración los problemas e intereses de los sujetos (teniendo muy presente, en el caso de los alumnos, los problemas e intereses propios de cada edad, y, en el caso de los profesores, los problemas específicos de aula y de centro), así como la problemática socioambiental y cultural más relevante. Los contrastes de ideas y experiencias han de recoger las diferentes posiciones, intereses sociales y puntos de vista implicados, tratando de favorecer el surgimiento de *dilemas intelectuales, éticos e ideológicos*. Finalmente, los procesos de estructuración y generalización han de vincularse, en la medida de lo posible, a la práctica y a la experiencia, por un lado, como forma de implicarse en la transformación rigurosa y crítica de la realidad, y a la metarreflexión sobre el proceso seguido, por otro, como forma de desarrollar esquemas de integración y de transferencia de significados (metaconcepciones) del sistema de ideas propio (Porlán, 1993)[32]."

En esta larga referencia se expresan las ideas, propósitos y fundamentos del grupo de investigación de Sevilla.

Queda claro que el *conocimiento* que circula en las instituciones escolares no es solamente el saber disciplinario o científico, sino que existe y circula también el conocimiento de los alumnos, el conocimiento del profesor, el conocimiento de la comunidad local y el conocimiento profesional de los profesores. Todo esto permite reconocer una *Epistemología de lo escolar* de la que hay que partir y de la cual hay que investigar si queremos impulsar procesos de mejoramiento, desde una hipótesis acerca de lo que se considera deseable (hipótesis de progresión) como *saber profesional* del docente.

Numerosos trabajos publicados[33] dan cuenta del conjunto de reflexiones e hipótesis de trabajo que se han venido elaborando por parte de los miembros del grupo respecto de esa Epistemología de lo escolar y los datos empíricos obtenidos a través de la investigación y experimentación curricular.

Los autores hallan que "el conocimiento profesional" suele ser el resultado de yuxtaponer cuatro tipos de saberes de naturaleza diferente, generados en momentos y contextos no siempre coincidentes que se mantienen relativamente aislados unos de otros en la minoría de los sujetos y que se manifiestan en distintos tipos de situaciones profesionales o preprofesionales. Estos cuatro componentes se pueden clasificar en una dimensión epistemológica (teoría-práctica) y en una dimensión psicológica (explícito-tácito).

El conocimiento "de hecho" que tienen los profesores se compone de: a) Saberes académicos, b) saberes basados en la experiencia, c) las rutinas y guiones de acción y d) las teorías implícitas.

Circulan entonces por la institución saberes disciplinares y metadisciplinares que se refieren a los contenidos de lo que enseñan o a la psicopedagogía y filosofía que aprendieron en su época de estudios. Pero esto no agota el conocimiento de los profesores, ya que también circulan las ideas conscientes que éstos desarrollan durante el ejercicio de la profesión, basadas en su experiencia, las cuales se comparten con los compañeros de trabajo y tienen un fuerte poder socializador aunque no son organizadas y se dan como lo que hay que hacer tradicionalmente.

Existen y circulan también esquemas tácitos que predicen el curso de los acontecimientos en el aula y la manera estándar de abordarlos. Es la rutina, el ritual, la conducta cotidiana del "ser maestro", es la actuación que responde al qué hacer en una situación determinada y cómo hacerlo. Se identifica este "saber" cuando evocamos lo que hacemos en la escuela.

Finalmente, el grupo de Sevilla señala que se identifican saberes o, mejor, no-saberes que explican los porqué de las creencias y de las acciones de los profesores como teorías implícitas; así, un profesor que asume como punto central de la enseñanza la transmisión de contenidos de información de una manera autoritaria y una relación vertical con los estudiantes, es posible que no sepa que dicha forma de pensar y actuar presupone toda una teoría del aprendizaje y del conocimiento como "aprendizaje por apropiación de significados" según la cual el estudiante es pasivo y tiene la mente en blanco y aprende escuchando, repitiendo y memorizando.

Es dentro de este contexto teórico y de investigaciones prácticas en el que surgen los modelos o tendencias en los que se pueden clasificar las *formas de enseñanza* y que expresan el conocimiento profesional "de hecho" que tienen los profesores investigados y que nosotros recogemos aquí, desde el texto de R. Porlán *"Constructivismo y Escuela"* [34] que reconoce la tradición que hay en estudios sobre el saber profesional de los docentes, pero que pretende colaborar activa y rigurosamente a la renovación profesional y escolar.

Capítulo tercero

Modelo Porlán para identificar formas de enseñanza

Los cambios en la educación son lentos y graduales. La educación es una forma fundamental de la cultura[35]. Por esto, a pesar de la profusa legislación sobre reestructuración del sistema educativo[36], y aunque investigadores y académicos señalan hoy la emergencia de un nuevo paradigma para la educación y la enseñanza[37], las transformaciones significativas, las innovaciones, apenas comienzan. Del dicho al hecho media todo un proceso de transformación cultural de largo aliento[38]. Múltiples condiciones, discursos, escenarios se necesitan para el cambio en la "cultura escolar".

Pero, a manera de hipótesis, queremos mantener que si no hay una reflexión del docente sobre sus prácticas cotidianas y si esa reflexión no permite una confrontación con nuevos referentes acerca del sentido y significado de su oficio, entonces ningún cambio es posible[39]. Lo anterior no es otra cosa que decir: Sólo la identificación de la carencia genera el deseo[40].

Pensar entonces en las condiciones que hacen posible esta reflexión del docente es lo que nos lleva a la búsqueda de referentes acerca de las formas en que la enseñanza se realiza, a los posibles modelos pedagógicos en los que se pueden tipificar las prácticas de enseñanza y a la identificación de estrategias para confrontar la teoría pedagógica con la práctica y viceversa.

El Modelo Porlán

En todos sus escritos[41], pero particularmente en su libro *"Constructivismo y Escuela"*, Porlán nos muestra que en definitiva el currículo (implícito o explícito) se concreta en las formas de enseñanza predominantes, que contienen no solamente los aportes pedagógicos y didácticos sino también un cúmulo de problemas prácticos, creencias y dilemas, a los que se ven enfrentados los docentes en su práctica de enseñanza.

Esta forma de enfocar la relación teoría-práctica de la enseñanza nos parece más rica y potente para el análisis y la descripción de los procesos de enseñanza porque reconoce una mayor complejidad en el objeto de estudio y amplía la relación no sólo entre lo teórico, disciplinar, científico y la práctica cotidiana, sino que reconoce conocimientos propios del mundo del docente, sus propios constructos personales o círculo de creencias, valores, costumbres, lenguajes, normas, concepciones, etc., es decir el "juego del lenguaje" en el que está inscrito como persona y como docente.

Este enfoque ubica en la realidad el problema del cambio del docente y de las instituciones reconociendo que no es sólo cambiar el discurso teórico sino hacer crisis en la forma misma de vida de la escuela, en la "cultura escolar".

Se trata de analizar y describir ese complejo mundo de la enseñanza para comprenderlo desde modelos construidos teóricamente y también para poder intervenir en la realidad gracias a los resultados que evidencia el análisis.

Este tipo de modelo (constructo teórico que pretende dar cuenta de un fragmento acotado de la realidad) se fundamenta en muchas disciplinas, valores e ideologías y no es un esquema rígido o lineal que se asume como camisa de fuerza, sino una estrategia lógica para relacionar elementos que representan una situación compleja; el modelo es flexible, abierto y evaluable permanentemente a la luz de la cotidiana práctica docente.

Conviene señalar también que la noción de currículo en Porlán está muy ligada a la del modelo pedagógico del cual es su "vertiente normativa", es decir que toda estructura curricular expresa un modelo pedagógico, es su puesta en marcha u operacionalización. Esta idea fuerte de la relación modelo pedagógico-currículo es también la que permite dar sentido y significado a las prácticas educativas.

Detengámonos un poco en el análisis de esta relación:

Lo que usualmente se conoce como "dictar clase" o "enseñar" no es un acto simple, neutral y reducido a la transmisión mecánica de contenidos de aprendizaje; es, por lo contrario, un acontecimiento complejo, una red de relaciones que tiene que ver tanto con la cultura local como con las ciencias y las disciplinas, así como con los conocimientos y competencias pedagógicas del docente y con los saberes de los alumnos.

En esta red de relaciones mediante las interacciones comunicativas se cruzan los conocimientos, los lenguajes, los valores, las creencias y también los deseos, intereses y expectativas de los actores: maestros, alumnos y saberes.

El docente o el colectivo de docentes, planea y toma decisiones respecto de qué enseñar y cómo hacerlo de acuerdo con los fines de las áreas y de la educación en general. Estas son estrategias y decisiones curriculares que pueden ser analizadas y descritas o que, como sucede con frecuencia, son repetidos mecánicamente como perpetuación de un ritual heredado de la tradición y de la costumbre. De ahí se origina también una forma de evaluación y una finalidad de la misma que se corresponde con la estructura curricular y con el modelo pedagógico desde el cual éstas prácticas se iluminan y tienen sentido. (Ver Cuadro 1).

Cuadro 1

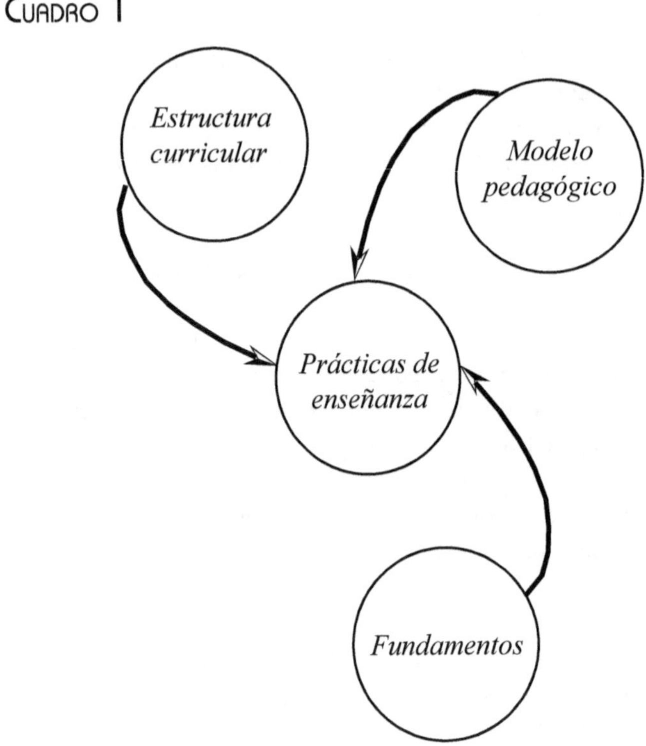

Conviene señalar que estas relaciones no son superpuestas linealmente, ni obedecen a momentos claramente determinados en el tiempo, sino que circulan dialécticamente en el proceso complejo de la práctica pedagógica.

¿Cómo analizar esta "complejidad", cómo la podemos "describir" y, sobre todo, cómo podemos actuar sobre ella para mejorarla?

Insistiendo en la necesaria interacción entre teoría y práctica educativa. Rafael Porlán construye tres modelos pedagógicos que se expresan en enfoques curriculares cuyas características se pueden identificar y cuyos supuestos, creencias, problemas y dilemas son susceptibles de explicitación, así:

El currículo tradicional: La obsesión por los contenidos

Cuadro 2.

Pautas de actualización características del curriculum tradicional	
¿Qué enseñar?	1. Elaboración de un temario de contenidos basado exclusivamente en los productos de las disciplinas (datos, conceptos y teorías) y secuenciados atendiendo a su estructura formal.
¿Cómo enseñar?	2. Explicación verbal de cada tema siguiendo directa o indirectamente un libro de texto.
	3. Toma de apuntes por los alumnos.
¿Qué y cómo evaluar?	4. Estudio previo a los exámenes.
	5. Diseño de exámenes por el profesor.
	6. Realización y calificación de los exámenes.

Qué enseñar:

A. **Temario de contenidos basado en los productos de las disciplinas**

A.1 Los contenidos, entendidos como contenidos conceptuales, son el elemento curricular básico que condiciona, casi exclusivamente, todo lo demás (objetivos, metodología, evaluación, etc...).

A.2 Los contenidos son aquella parte de los productos disciplinares que todos los alumnos deben aprender. En este sentido, actúan como metas terminales y obligatorias. La concepciones de los alumnos, los puntos de vista no científicos, o la información proveniente del trabajo directo con la realidad no son contenidos relevantes a tener en cuenta en el programa.

A.3 Expresar los objetivos no es necesario ni importante. Que los alumnos aprendan los contenidos preestablecidos es, de hecho, el único objetivo relevante.

A.4 La estructura de los contenidos seleccionados (orden, secuencia, importancia relativa, etc.) guarda coherencia con la lógica formal de la disciplina a la que pertenecen.

A.5 Una estructura de los contenidos basada en la lógica formal de la disciplina no crea dificultades en el proceso de aprendizaje de los alumnos.

A.6   Los contextos sociales e históricos en que se produce el conocimiento disciplinar, así como los procesos a través de los cuales se llega a su formulación y aceptación por la comunidad científica (controversias, control intersubjetivo, etc.) no son contenidos relevantes.

A.7   El conocimiento disciplinar es un conjunto acumulativo de datos, conceptos y teorías que han superado la prueba de veracidad científica y que poseen un único significado verdadero.

A.8   El conocimiento disciplinar es jerárquicamente superior a cualquier otra forma de conocimiento.

A.9   El papel social de las disciplinas y su relación con otras formas de conocimiento, no es importante como contenido de enseñanza y aprendizaje.

CUADRO 4.

QUÉ ENSEÑAR: TEMARIO DE CONTENIDOS BASADO EN LOS PRODUCTOS DE LAS DISCIPLINAS

B. PROBLEMAS PRÁCTICOS Y DILEMAS

B.1 Al reducir el diseño previo de los procesos de enseñanza-aprendizaje (la programación, la secuenciación y organización de contenidos, el profesor queda desarmado didácticamente para abordar y encauzar otro tipo de problemas que posteriormente genera la dinámica de la clase.

B.2 Al establecer previamente, de manera cerrada, el listado de contenidos, el profesor impide que los alumnos se sientan involucrados (interesados) desde el principio con el plan de trabajo.

B.3 Al organizar y seleccionar los contenidos con una lógica exclusivamente disciplinar, el profesor encontrará dificultades, posteriormente, para que los alumnos comprendan la información que se les da.

B.4 Al formular los contenidos un producto disciplinar, sin contextualizarlos ni relacionarlos con su proceso de producción, se transmite una imagen formulista y académica de los mismos, provocando que los alumnos no los relacionen con los problemas de su medio.

B.5 Al formular contenidos como unidades de verdad, con un único significado posible, se transmite una imagen autoritaria del conocimiento disciplinar, lo que provocará en los alumnos una autoimagen de ignorancia y, como consecuencia de ello, una actitud de inhibición, tanto para ser conscientes de que tienen opiniones, como para expresarlas.

Cómo enseñar: Explicación verbal de los temas siguiendo, como complemento, un libro de texto

Creencias implícitas

A.10 Al explicar los contenidos, la información que se transmite es un fiel reflejo de los conocimientos disciplinares.

A.11 Cuando se dan los temas, los alumnos, si están atentos, oyen la información tal como el profesor la verbaliza, no teniendo por qué darse ninguna interpretación deformada de la misma.

A.12 Si las explicaciones de los contenidos están bien hiladas y argumentadas, los alumnos con un nivel normal de inteligencia que hayan estado atentos deberán apropiarse de ellos sin problemas. Las ideas y opiniones de los alumnos, si es que existen, serán sustituidas mediante este proceso por las ideas correctas.

A.13 Las conductas de aquellos alumnos que demuestran una falta de conexión con el hilo conductor de la clase, cuando no una clara interferencia con el esquema previsto (alumnos distraídos, contestaciones fuera de contexto, relaciones paralelas entre alumnos, etc.), son una expresión de la tendencia que poseen hacia la indisciplina y la inadaptación escolar.

A.14 Por el contrario, las conductas de aquellos alumnos externamente demuestran atención y toman apuntes, son un reflejo fiel de que están siguiendo comprensivamente la explicación del profesor.

Cómo enseñar: Explicación verbal de los temas siguiendo, como complemento, un libro de texto

Problemas prácticos y dilemas

B.6 La suposición de que el profesor se sabe adecuadamente todos los contenidos del temario genera estados de ansiedad e inseguridad profesional especialmente en aquellas partes donde esto es menos real. Este hecho provoca, a veces, conductas rígidas y autoritarias en el aula cuando el profesor percibe su propia inseguridad.

B.7 El hecho de pensar que si el profesor explica adecuadamente, los alumnos aprenden, produce desconcierto cuando se constata el fracaso en el aprendizaje, tendiendo entonces el profesor a culpabilizar a los alumnos o a la mala preparación que se les da en los niveles educativos precedentes.

B.8 El no tener en cuenta las concepciones de los alumnos hace que el profesor ignore las causas de ciertos errores y, por tanto, las vías para el posible tratamiento didáctico de los mismos y que esta situación sea percibida como un problema difícil de superar.

B.9 La rigidez del tipo de conductas a que obliga el enfoque tradicional produce dos reacciones divergentes la de los alumnos que muestran externamente la conducta esperada, aun cuando interiormente no exista conexión psicológica significativa con la información que se transmite, y la de los que muestran abiertamente cierto grado de hostilidad y desinterés con respecto a dicha información, generando, con ello frecuentes problemas de disciplina.

CUADRO **7.**

A. CREENCIAS IMPLÍCITAS

A.15 Los apuntes y los libros de texto poseen una información adecuada desde el punto de vista científico y psicológico.

A.16 La memorización mecánica de los contenidos por parte de los alumnos cuando preparan las pruebas de evaluación o exámenes favorece el aprendizaje.

A.17 Las respuestas de los alumnos a los exámenes dan una idea aproximada de sus aprendizajes, es decir de los que realmente saben.

A.18 Las calificaciones y las notas son indicadores aceptables para medir y cuantificar los aprendizajes.

A.19 Medir el aprendizaje de los diferentes alumnos respecto a un mismo baremo de contenidos es positivo porque da una idea del nivel alcanzado por cada uno y porque favorece la estimulación y la competitividad mutua.

A.20 Las calificaciones por sí solas provocan mecanismos de recuperación en los alumnos, al forzarles a estudiar de nuevo los temas y contenidos no superados.

> ## Qué y como evaluar:
> ## Apuntes, exámenes y calificaciones.
>
> ## B. Problemas prácticos y dilemas

B.10 Con frecuencia, los apuntes acumulan información errónea sobre los contenidos explicados. De la misma manera, determinados libros de texto favorecen la acumulación de errores en los alumnos.

B.11 Los alumnos tienden a preparar mecánicamente los exámenes, memorizando los contenidos sin relacionarlos con su estructura de significados, de manera que tienden a olvidarlos pronto. Esto crea un problema muy generalizado de tener que partir cada año de cero, con lo que se rentabiliza poco el esfuerzo de la enseñanza.

B.12 Los exámenes, si son de los denominados de razonamiento, dan una medida del fracaso escolar, pues los alumnos han memorizado información y no han razonado con ella. Si son de los que piden definiciones textuales, miden realmente la mayor o menor habilidad memorística de los alumnos. Los exámenes crean el problema de adiestrar a los alumnos en un estilo rutinario y mecánico de aprendizaje, lo que supone un obstáculo para cualquier estrategia de cambio.

B.13 Las calificaciones, al obedecer a criterios uniformes, y al no tener en cuenta los progresos individuales, así como el punto de cada alumno y el esfuerzo que éste ha realizado, tienden, en muchos casos, a ser un factor de desmotivación, abandono y, en situaciones extremas, de frustración profunda. Al suspender, el alumno suele volver a repetir el mismo proceso de memorización que le proporcionó el fracaso anterior.

Esta tendencia tradicional es analizada también por otro miembro del grupo[42] bajo la denominación "primacía del saber académico" y coincide con lo que otros denominan "enfoque enciclopédico" en el que se confunde "saber" con "saber enseñar" o se refuerza la idea de que "saber es hacer y poder". Se señaló también que parte de este saber académico es lo aprendido en las ciencias de la educación (Psicología, Pedagogía).

Se comprende la práctica como una simple aplicación de la teoría: Caso típico en nuestro país es lo que sucede en los últimos grados del bachillerato, donde cada profesor *domina* su materia y por materia entiende los contenidos científicos o disciplinares que él aprendió en la universidad. Ana Rivero se pregunta si es lo mismo "saber" que "saber enseñar" y si la simple transmisión verbal de conocimientos es la mejor manera de provocar el aprendizaje[43].

Como bien lo señalan los miembros del grupo "esta tendencia es deudora de una perspectiva epistemológica reduccionista y simplificadora acerca de la enseñanza, del aprendizaje, del conocimiento profesional del profesor y de su proceso de construcción"[44].

Una mirada reflexiva a estos esquemas nos revela que esta es la tendencia más arraigada en nuestra "cultura escolar" y que ésta parece ser la única manera de hacer las cosas. El maestro sabe, selecciona contenidos y los explica a los estudiantes, definiendo en la asignatura cada uno de los términos y asegurándose de que el estudiante los entiende porque los memoriza, los repite y los consigna por escrito en sus cuadernos.

Hay una presentación secuencial de los temas en orden de complejidad y eventualmente se realizan diálogos o ejercicios de aplicación para evaluar lo que aprendió el alumno.

Así hemos enseñado y es posible que justifiquemos esta forma de enseñar porque hay que cumplir con los programas del Ministerio, porque en nuestra materia no hay espacio para ensayar otras alternativas, o porque el curso es muy numeroso, o porque ese es el rol que los padres de familia y la sociedad le han asignado históricamente al maestro.

Pero, nos dice R. Porlán, la razón por la cual enseñamos así es porque es la única forma como sabemos hacerlo. Conviene recordar aquí el interesante trabajo de Aracely de Tezanos[45], donde se muestra que los maestros que se preparan en la Escuela Normal son verdaderos *artesanos intelectuales* que, como en la Edad Media, aprendieron su oficio por imitación. Aunque esta sea la forma predominante de enseñar no por ello garantiza que sea la más adecuada.

Es claro también que un análisis de los supuestos epistemológicos, pedagógicos y didácticos de estas pautas de actuación las revelan inadecuadas e insuficientes frente a los desarrollos actuales de la teoría del conocimiento, de la pedagogía y de la psicología, pero la pregunta pertinente es ¿por qué entonces se mantiene todavía hoy vigente en nuestro sistema escolar?

Vale la pena destacar también la potencia de estos esquemas para sensibilizar y mover a la transformación de los docentes. Su potencia radica en abordar la complejidad de la enseñanza para describirla, pero también para mostrar los problemas que esa práctica genera y para señalar los supuestos, creencias y actuaciones que deben someterse a análisis crítico y reflexión.

Podríamos afirmar también que esta manera de abordar el análisis nos señala que para el cambio y la transformación de las formas de enseñar no basta el reconocimiento teórico de la insuficiencia o inadecuación de nuestras prácticas sino que es preciso reconocer también que ellas están inscritas en un mundo más diverso, en una forma de vida donde la *racionalidad* de la acción no se agota en la lógica formal que normatiza lo correcto o incorrecto, lo verdadero o lo falso de nuestros enunciados.

Lo que nos permite también abrir el problema de la enseñanza al mundo de la cultura, en la que se halla inmersa la escuela, pues el maestro no es el único responsable ni el culpable aislado de lo que sucede en ella. Tal vez por esto empezamos reconociendo que la educación se relaciona estrechamente con la cultura y que los cambios culturales son graduales y de largo aliento.

El enfoque tecnológico: La obsesión por los objetivos

Este enfoque realza lo metodológico y lo didáctico y reduce tanto los contenidos como el papel de los alumnos a la programación y planeación rigurosa de los *objetivos*; sus orígenes (E.U.) y su fundamento en la psicología conductista, han dado pie a múltiples críticas desde la perspectiva política e ideológica[46], y en Colombia han sido seriamente analizados y sus peligros denunciados desde la década de los 80. Sin embargo fue lo que aprendimos a hacer los maestros formados en la década 70-80 y es una manera de enseñar que todavía subsiste a pesar de su insuficiencia teórica.

Escuelas Normales y Facultades de Educación formaron una generación (¿o dos?) de maestros en el dominio de técnicas de diseño institucional y un buen grupo de especialistas se formó en el exterior (en E.U.) con este modelo. Hoy la psicología y la pedagogía han evolucionado hacia otros modelos de explicación, pero muchos docentes, como los dinosaurios, se negaron a evolucionar.

Cuadro 9.

PAUTAS DE ACTUACIÓN CARACTERÍSTICAS DE LA TENDENCIA TECNOLÓGICA		
¿Qué enseñar?	1.	Elaboración de una programación basada en objetivos operativos escalonados que conducen a objetivos de carácter terminal.
¿Cómo enseñar?	2.	Puesta en práctica de secuencias cerradas de actividades vinculadas a los objetivos operativos y escalonadas en el mismo sentido que ellos.
¿Qué y cómo evaluar?	3.	Realización de un diagnóstico previo del nivel de aprendizaje de los alumnos (prueba objetiva inicial).
	4.	Realización de un diagnóstico final, a través también de una prueba objetiva (test de opciones múltiples o similar) que mida el grado de consecución de cada objetivo terminal.
	5.	Cuantificación objetiva del test de calificación del alumno.
	6.	Puesta en práctica de secuencias cerradas de actividades, diseñadas específicamente para aquellos alumnos que necesitan recuperar.

Creencias implícitas

en la tendencia tecnológica

---

1. Los objetivos son el elemento curricular básico. Para hacer de la enseñanza algo riguroso y eficaz es necesario planificar minuciosamente las metas terminales de aprendizaje que se tienen que conseguir. Dichas metas han de escalonarse y encadenarse a través de objetivos operativos de manera que se garantice el resultado final.

2. Los objetivos conceptuales han de formularse jerárquicamente con un único orden muy definido, de manera que se asimilen primero los conocimientos más concretos y después los más generales y complejos. Este permite la asimilación del significado verdadero de los conceptos.

3. La organización de la tarea en el aula en torno a una secuencia cerrada de actividades, garantiza la consecución de los objetivos de aprendizaje previstos.

4. Los alumnos de inteligencia normal pueden seguir secuencias de actividades idénticas. Podrá variar el ritmo del aprendizaje, la mayor o menor necesidad de apoyo y refuerzos, pero la secuencia de actividades si está bien elaborada, ha de ser válida para todos y consecuentemente generalizable.

5. Los alumnos que realicen correctamente las actividades habrán asimilado de manera irreversible las metas de aprendizaje. Aquellos otros que por el contrario no realicen exitosamente las actividades denotan, o bien falta de interés y de voluntad de trabajo, o bien un nivel

---

de inteligencia por debajo de lo normal. Por tanto, el comportamiento de los alumnos frente a las actividades propuestas es un indicador objetivo de evaluación.

6. La realización de pruebas objetivas previas y finales es una forma eficaz de medir el grado de consecución de los objetivos previstos.

7. Las actividades de recuperación preestablecidas son el mejor procedimiento para que los alumnos con problemas vuelvan a intentar la consecución de ciertos aprendizajes.

**PROBLEMAS PRÁCTICOS Y DILEMAS
EN LA TENDENCIA TECNOLÓGICA**

1   Al concebir los objetivos programados como metas terminales y únicas, el profesor queda bastante encorsetado para adaptar y flexibilizar el programa en función de la dinámica de la clase y para conseguir involucrar realmente a los alumnos, con sus propios intereses, en el proceso de aprendizaje.

2.   Al concebir que el conocimiento se estructura jerárquicamente en secuencias conceptuales únicas, se niega la diversidad de secuencias de aprendizaje y, por tanto, se fuerza una uniformidad psicológica que plantea problemas de fracaso en los alumnos y favorece el aprendizaje mecánico e instrumental.

3.   Al concebir que los conocimientos disciplinares tienen un único significado verdadero, objetivo y neutral, se transmite una imagen autoritaria y absolutista del mismo, así como una conciencia de que aprender es eliminar significados erróneos, sustituyéndolos por los verdaderos. Los alumnos tenderán así a no valorar sus propias opiniones y a no participar con sus propios puntos de vista.

4.   El carácter cerrado de las secuencias de actividades crea problemas de rigidez en la práctica. El fracaso de determinadas actividades para determinados alumnos es con frecuencia imputable al diseño de la propia actividad. No poder modificar el plan sobre la marcha genera autoritarismo en el profesor, así como falta de motivación y conductas divergentes en los alumnos.

5.   El carácter universal de las secuencias de actividades im-
     pide integrar adecuadamente la diversidad psicológica de
     los alumnos. Estos no sólo se diferencian por su nivel de
     partida, sino por sus estrategias de aprendizaje, habilidades
     intelectuales, experiencias culturales, valores, intereses,
     etc.

6.   No valorar ni tener en cuenta el significado propio que los
     alumnos les dan a los conocimientos puede provocar que
     a pesar de que se trabaje de una manera activa, se realicen
     aprendizajes mecánicos y formales, sin alterar sustancial-
     mente la estructura de significados de los sujetos.

7.   Centrar la evaluación exclusivamente en el aprendizaje
     de los alumnos impide comprobar la validez general de
     la programación, e incluso del enfoque curricular. Para-
     dójicamente la tendencia tecnológica, que pretende una
     racionalidad científica de la enseñanza, asume "a priori"
     que los posibles fracasos que se detectan en los alumnos
     están causados por variables endógenas, es decir imputa-
     bles a ellos mismos, más que por variables exógenas, es
     decir imputables al programa y a la dinámica que establece
     el profesor.

8.   La idea de que el aprendizaje es una especie de ascensión
     a través de una escalera conceptual, en la que la subida de
     cada peldaño simboliza el aprendizaje de un nuevo con-
     cepto, plantea el problema práctico de no saber abordar
     los retrocesos que se manifiestan en ciertos alumnos. La
     idea del aprendizaje como algo lineal e irreversible impide
     comprender los procesos, a veces sinuosos, contradictorios
     y reversibles, que se manifiestan en la evolución de cada
     alumno en particular.

58

9. La idea de que las pruebas objetivas son indicadores eficaces para medir el aprendizaje, plantea el problema de cómo identificar posibles comportamientos adaptativos de los alumnos que, bajo la apariencia de un resultado formalmente correcto, encubren una falta de comprensión real.

Conviene aclarar que estos modelos no se encuentran *puros* en las prácticas de enseñanza, como lo han demostrado múltiples trabajos pero en especial las investigaciones de Rafael Flórez y Enrique Batista[47] los docentes entremezclan la tendencia tradicional con la tecnología educativa, produciendo un "híbrido" que insiste en la repetición mecánica de contenidos pero que se vale de la teoría conductista de la "enseñanza-aprendizaje" para lograrlo.

Este enfoque, por lo menos, tiene el mérito de explicitar las intenciones del proceso y de planificar cómo garantizar que se cumplan. Este modelo está anclado en la idea de eficiencia propia de la tecnología y al ser adoptado masivamente en América Latina, reduce el papel de los docentes a la simple administración del currículo cuyos objetivos están predeterminados y rigurosamente operacionalizados y reduce también el papel del estudiante cuya capacidad crítica queda anulada ante la direccionalidad y rigidez de todo el proceso: *¡Lo que importa es la planeación, lo de menos los sujetos!*

Este enfoque considera la enseñanza como una *ciencia aplicada* y al profesor como un *técnico* que ejecuta determinadas propuestas tecnológicas elaboradas por especialistas, de forma que si las realiza adecuadamente y los alumnos poseen una inteligencia normal, van a conseguir un aprendizaje satisfactorio en ellas.

Se pueden llamar de orientación "esencialista, pues niegan la diferencia y buscan lo permanente y lo invariable", nos dice la Dra. Ana Rivero, citando a Imbernón[48].

Los conocimientos no se integran ni interrelacionan y sólo importan los conocimientos para aplicar técnicas y habilidades para la planeación rigurosa y detallada. El profesor Eduardo García, otro miembro del grupo, plantea que este modelo se traduce en una modalidad de cursos centrados en el aprendizaje de rutinas de intervención diseñadas desde fuera de la realidad educativa y coincide con lo que otros llaman "Modelo de entrenamiento".

Con Porlán[49] podemos decir que se incluyen en esta tendencia "todos aquellos enfoques no transmisivos que privilegian la racionalidad, la lógica y el rigor externo de una propuesta frente a su significatividad contextual, o que priman el saber de los especialistas frente al saber experiencial de los profesores implicados".

Nuevamente nos encontramos, por tanto, con una relación entre la teoría y la acción de carácter jerárquico y unidireccional, aunque en este caso no se propone de forma directa, sino mediatizada por un conocimiento técnico-didáctico (Porlán, 1995) que "traduce" los significados de la ciencia básica en significados "de apto consumo" para el profesorado.

En este sentido, queremos resaltar el avance que supone, desde esa perspectiva, la puesta en cuestión del saber académico como fuente directa (tal como se elabora en sus disciplinas de origen) y exclusiva de significados en la configuración del conocimiento profesional, así como de la transmisión como medio de provocar el aprendizaje profesional. En nuestra opinión, este cuestionamiento es totalmente válido, aunque no se resuelva adecuadamente. Pero,

60

concretamente, nos gustaría plantear lo siguiente: ¿Cuestionar que el conocimiento académico se transmita tal cual al profesorado ha de implicar, como alternativa, ofrecer un conjunto de técnicas?, ¿son en realidad estas técnicas generalizables a cualquier aula?, ¿se puede pretender que todos los profesores las utilicen en el mismo sentido y con la misma orientación con que han sido diseñadas por los expertos? Por otro lado, ¿se puede esperar que los diseños cerrados y rígidos, por muy racionales y técnicamente rigurosos que sean, van a resultar válidos para cualquier grupo de profesores en cualquier contexto?

Estos modelos, por tanto, suponen un cierto progreso respecto a los tradicionales, pero adolecen de un reduccionismo racionalista (Porlán, 1995) que implica "concebir el conocimiento de los profesores como un conocimiento tecnológico simple, y los procesos de formación, sobre todo los de formación permanente, como procesos de entrenamiento en determinadas competencias"[50].

EL ENFOQUE ESPONTANEÍSTA:
LA OBSESIÓN POR LOS ALUMNOS

Este enfoque puede entenderse como una reacción frente a la rigidez de la tecnología educativa o frente al ejercicio autoritario de la pedagogía tradicional. Aquí lo importante es el alumno, él es el centro, y sus expresiones, su participación y sus intereses conforman el clima de la clase y son el punto de partida para organizar los fines de la educación. Rechazan toda imposición, evitan ejercer el poder que manipula y somete, renuncian a imponer verdades absolutas, es decir, reducir el papel del *"educastrador"* al de simple coordinador de las actividades que van surgiendo en los debates, improvisándose recursos, potenciando problemas y sobre todo favoreciendo la participación, expresión y comunicación de todos los alumnos.

Pautas de actualización características de la tendencia espontaneísta

1. Ausencia de una auténtica programación. Diseño muy abierto de actividades y recursos. Ausencia de contenidos y objetivos detallados y explícitos.

2. Negociación con los alumnos sobre los proyectos de trabajo. Estos pueden ser comunes a toda la clase o diferentes según cada grupo.

3. Realización flexible de las actividades acordadas en cada proyecto. Resaltan las salidas de observación, las experiencias, las actividades de expresión, comunicación y puesta en común, etc.

4. Modificación y readecuación permanente del plan de trabajo en función de los intereses y las motivaciones de los alumnos, utilizando estrategias de improvisación durante la misma acción.

5. Renuncia a cualquier conducta calificadora o sancionadora por parte del profesor.

6. Realización de asambleas periódicas con los alumnos para analizar problemas y tomar decisiones sobre la dinámica del aula.

CREENCIAS IMPLÍCITAS EN LA TENDENCIA ESPONTANEÍSTA

1. La enseñanza, para que provoque realmente aprendizaje, ha de basarse fundamentalmente en las motivaciones espontáneas de los estudiantes. De ahí que cualquier planificación de objetivos y/o contenidos genere un directivismo autoritario que es totalmente contraproducente.

2. Lo importante no es aprender unos conceptos u otros, sino dominar los procedimientos que permitan al alumno aprender por sí mismo cualquier tipo de conocimientos.

3. De la misma manera, es importante aprender determinados valores y actitudes que promuevan el espíritu científico, la autonomía personal, la creatividad, el ejercicio de la crítica, etc.

4. Lo esencial para que se dé aprendizaje significativo es que los alumnos se planteen los problemas que les interesan e intenten abordarlos por ellos mismos.

5. Las actividades a realizar por los alumnos deben favorecer la observación directa de la realidad, para inferir, a partir de ella, los conceptos más relevantes.

6. Secuenciar las actividades de una manera rígida y uniforme es contrario al proceso natural de aprendizaje y a la diversidad de ritmos y estrategias mentales de los alumnos.

7. Realizar cualquier forma de seguimiento del aprendizaje es negativo, por lo que tiene de mecanismo de control, e irrelevante, al ser imposible saber lo que los demás saben.

8. La participación de los alumnos en la toma de decisiones, al mismo nivel que el profesor, es la mejor manera de evaluar la marcha de la clase.

<table>
<tr><td colspan="2" align="center">

**PROBLEMAS PRÁCTICOS Y DILEMAS
EN LA TENDENCIA ESPONEÍSTA**

</td></tr>
<tr><td>1.</td><td>El hecho de que el profesor intervenga en el aula sin una reflexión previa sobre el conocimiento que es deseable enseñar y aprender hace que posteriormente esté incapacitado para atender y encauzar adecuadamente las demandas conceptuales de sus alumnos.</td></tr>
<tr><td>2.</td><td>El valorar más el aprendizaje de procedimientos y de actitudes que el de datos, hechos y conceptos plantea el dilema de sí, con este tipo de enseñanza, los alumnos superan sus errores y obstáculos conceptuales.</td></tr>
<tr><td>3.</td><td>Al poner el énfasis casi exclusivamente en los intereses de los alumnos, este enfoque parece no tener en cuenta que, debido a la enorme influencia de la cultura escolar tradicional, es posible que dichos alumnos expresen intereses poco significativos, desde el punto de vista didáctico o que, simplemente, manifiesten posturas hostiles a un enfoque curricular que les obliga a cambiar de papel.</td></tr>
<tr><td>4.</td><td>Una concepción excesivamente abierta de la dinámica de la clase puede crear problemas de organización y coordinación, ya que simultáneamente se puede estar planteando problemas diversos a través de actividades muy diferentes.</td></tr>
<tr><td>5.</td><td>Rechazar cualquier forma de seguimiento del aprendizaje implica renunciar a conocer en alguna medida, qué grado de validez tienen nuestras hipótesis de trabajo profesional.</td></tr>
</table>

Este enfoque tiene un valor fundamental: Situar al alumno como centro de la enseñanza y no como mero consumidor de la misma, supone un cambio sustancial de perspectiva.

Este es uno de los problemas más graves de la educación: la división abismal entre lo que se enseña en la escuela y el mundo de la vida del estudiante. Esta fractura ha sido denunciada e investigada en Colombia gracias al proyecto "Atlántida" que sacó a la superficie ese mundo sumergido de los adolescentes[51].

"Mientras en la enseñanza primen planteamientos apriorísticos y cerrados sobre *lo que se debe aprender* (se denominen estos aprendizajes, contenidos u objetivos), sin una intención clara de que los alumnos hagan suyos los proyectos de trabajo y movilicen en torno a ellos los significados que han ido construyendo desde su experiencia, mientras esto no ocurra, la enseñanza no provocará, en la mayoría de los casos, más que aprendizaje mecánico y fugaz"[52] y por consecuencia sólo un ambiente donde se permita la libre expresión de opiniones, intereses y puntos de vista será propicio para el aprendizaje.

Pero todo extremo es vicioso y resaltar casi exclusivamente la dimensión espontánea y natural de la clase, enfatizar exclusivamente los intereses de los alumnos puede llegar a ser tan perjudicial como el extremo contrario.

Sin un clima de libertad de expresión difícilmente los alumnos se van a meter o "encarretar" con el proceso de aprendizaje. Pero, de la misma manera, sin un diseño previo estructurado, aunque sea abierto y flexible, el profesor difícilmente podrá aprovechar toda la potencialidad de aprendizaje que tienen los alumnos. Tan dañino puede ser el extremo del autoritarismo (enfoque tradicional) como el extremo del anarquismo (enfoque espontaneísta).

Vale la pena dejar siempre la posibilidad de la improvisación donde el maestro aplica sobre la marcha hipótesis de intervención creada en el momento para abordar uno o varios problemas coyunturales y con metas pero "la presencia omnipresente y rígida de la programación puede falsear el aprendizaje de los alumnos de la misma manera que la ausencia de un referente puede falsear, así mismo, la enseñanza del profesor".[53]

Rafael Porlán reconoce algunos aspectos positivos en cada uno de estos enfoques pero muestra también sus problemas e insuficiencias. La tesis central es que los docentes no reconocen otras formas alternativas para la didáctica y se aferran por tradición a las formas de enseñanza que les parecen evidentes y de sentido común, sin preocuparse por explicitar sus supuestos o preocuparse por elaborar razones que la justifiquen.

Pero no existe una única forma de enseñar. Existen diferentes enfoques curriculares. Se señalan dos grandes deficiencias en estos modelos hegemónicos y reductivos: el primero, la falta de actualización de acuerdo con los desarrollos contemporáneos de la pedagogía y, de otra parte, el sustrato ideológico y antidemocrático en que se apoyan en franca contradicción con lo legislado acerca de los fines de la educación [54].

Se hace necesario, entonces, proponer un modelo didáctico que aborde de manera creativa, novedosa y compleja los problemas y contradicciones de los enfoques anteriormente descritos.

Proponer alternativas didácticas no resuelve de por sí el problema del cambio en el currículo en acción, si no va acompañado de un nuevo gesto en la forma de vida de los docentes y por ende en la cultura escolar.

Es decir, el cambio significativo no es sólo un problema teórico sino una relación nueva entre la reflexión sobre la propia didáctica y la puesta en marcha de alternativas mejor fundamentadas que la pedagogía.

Supone otras maneras de intervención en los procesos de enseñanza como resultado del proceso de análisis crítico de lo que hacemos y la adopción de nuevas hipótesis acerca de la mejor manera de lograr aprendizajes significativos. Unir dialécticamente teoría y práctica apunta al surgimiento de un nuevo maestro reflexivo e investigador, crítico e innovador que reconoce el valor de la teoría para la búsqueda de sentido pero tambén valora la experiencia práctica como lo que evita que la teorización sea un ejercicio estéril.

Una síntesis integradora

Recogiendo lo mejor de los modelos anteriores y enfocándolos desde las bases fundamentales del Constructivismo, R. Porlán propone un *modelo integrado* que articule contenidos, planeación e intereses de los estudiantes en función de una visión epistemológica, psicológica, pedagógica y ética, de acuerdo con los nuevos paradigmas que surgen en cada una de estas disciplinas.

Este nuevo modelo tiene su origen en una nueva fundamentación epistemológica, en un nuevo horizonte pedagógico entendido como saber profesional al cual se llega progresivamente, y en una aplicación didáctica de las nuevas corrientes de la psicología cognitiva.

En efecto, como lo ha señalado R. Porlán en otro escrito[55] asistimos hoy a un cambio profundo en la manera como se entiende el conocimiento humano. Agotado el paradigma positivista que redujo el conocimiento al conocimiento científico y éste al conocimiento experimental, se abre cada vez con más fuerza la idea de que el conocimiento es un proceso complejo y variado cuyas fuentes no se agotan en el diseño experimental. Los aportes de S. Toulmin y E. Morin han permitido comprender la interdisciplinariedad y debilitar las fronteras entre diversas fuentes de conocimiento. (Ver nota 2).

El pensamiento complejo en nuestro medio reconoce que el conocimiento no se reduce a la lógica formal y conjuntista sino que forma estructuras donde la ciencia natural y la social se relacionan cada vez con mayor fuerza, y donde el arte, la ética y la política también están presentes.

"Lo físico, lo biológico se complejizan y complejizan, a su vez, lo cultural"[56], esta comprensión de lo real como multifacético es lo que permite a R. Porlán adentrarse en el "conocimiento del conocimiento" para superar el afán de encontrar estructuras racionales únicas y universales y proponer, mediante un estudio de la historia del pensamiento científico, la ecología conceptual y la complejidad como los nuevos "juegos del lenguaje" que explican el *significado y el sentido*.

Es por esto que reconoce múltiples saberes circulando en la enseñanza y es por esto también que exige tener en cuenta al alumno. Porlán entiende la pedagogía como ese "saber profesional" al que puede llegar el docente cuando echa a rodar hipótesis acerca del currículo, de la selección de contenidos de las estrategias y métodos de enseñanza y del qué y para qué evaluar. Con un marcado énfasis en que la enseñanza es una práctica fundamentada, insiste en la relación dialéctica entre las razones y las actuaciones pero inscritas en la cultura escolar que también las influye.

La propuesta de R. Porlán se alimenta de lo mejor del constructivismo y por esto, antes de presentar los momentos específicos de esta metodología investigativa, presentamos una síntesis de las ideas principales acerca de esta corriente:

¿Qué se entiende por constructivismo?

Para acercarnos a una noción adecuada y precisa del constructivismo, tan de moda hoy entre los docentes, es necesario remontarnos a la pregunta *¿Cómo se adquiere el conocimiento?*

Esta es una pregunta epistemológica, vale decir, pertenece a la filosofía y ha tenido diferentes respuestas a lo largo de la historia. Pero fue E. Kant (1724-1804), quien colocó las bases para lo que hoy podemos considerar como una respuesta adecuada a la anterior pregunta. Para construir conocimientos se requieren tanto la experiencia sensorial como la actividad de la mente (razón). Afirma también que existen formas a priori de la sensibilidad según las cuales podemos organizar los datos de los sentidos para construir conocimiento. Sin las formas *a priori* del entendimiento la experiencia sería caótica y desordenada. Pero a su vez sin los datos de los sentidos estas formas serían vacías y estériles.

Kant aporta además la idea de que no es posible para el ser humano conocer el objeto en sí o tal como es, sino que siempre se nos presenta como "fenómeno", es decir, como el resultado de la interacción de los conceptos o categorías con las intuiciones o datos de los sentidos. No conocemos la realidad en sí misma sino la construcción que, a partir de nuestra interacción con el mundo, hemos realizado de ella.

El conocimiento humano es posible porque del mundo externo se reciben las "impresiones" de los objetos a través de la experiencia sensible que es formada u organizada en el espacio y en el tiempo, que son formas a priori, es decir, no obtenidas por la experiencia sino que existen en la sensibilidad de todos los seres humanos. Gracias a ellas toman forma los *fenómenos*, que no son las cosas en sí mismas sino el resultado de la interacción con esas formas a priori de la sensibilidad.

Kant afirma también que existen categorías que son resultado de la actividad del entendimiento sobre los fenómenos espacio-temporales y que nos permiten la construcción de conceptos, juicios y razonamientos. Estos conceptos como cantidad, cualidad, relación y modo, son las condiciones que hacen posible la comprensión y el conocimiento científico, el cual es construido por juicios sintéticos a priori, o sea que añaden algo nuevo a la experiencia y son universalmente válidos y lógicamente necesarios. La geometría y la matemática son ejemplo de ello[57].

Desde Kant y aún antes en la filosofía, se ha considerado el papel activo del sujeto en la construcción de conocimiento y se ha afirmado también que el conocimiento expresado en el lenguaje es una construcción mental típica del ser humano. El objeto real, independiente de un sujeto cognoscente es incognoscible y solo se postula como una exigencia para la actuación de las formas de la sensibilidad que son anteriores a la experiencia y existen en los seres humanos como esquemas mentales. El conocimiento, entonces, no es una copia de la realidad sino una construcción del ser humano.

Estas ideas tan conocidas por los filósofos fueron, no obstante, desconocidas por la psicología tradicional, que fuertemente influida por el conductismo, concibió la mente humana como una especie de caja negra que ante determinados estímulos produce determinadas respuestas. Por consiguiente, la investigación empírica de la psicología educativa, se dedicó durante mucho tiempo a observar y sistematizar qué tipos de estímulos generan o mejoran un tipo específico de respuestas, qué es lo que se pretende que el sujeto aprenda en un momento dado.

Al ser desplazada la pedagogía y la filosofía de las conceptualizaciones sobre la enseñanza y sus procesos[58], la psicología se apoderó del sujeto de la educación, "impuso una serie de pautas para la docencia, dentro de lo que se conoce como tecnología

70

educativa: determinado tipo de imágenes, determinadas asociaciones audiovisuales, el ejercicio y la repetición, la presentación organizada de las ideas claves en el tablero, la organización de los temas, etc., facilitan y mejoran los procesos de aprendizaje"[59].

Skinner, Bloom y Mager reemplazaron a Kant, Dewey, Montessori, Freinet, Piaget, produciendo un efecto "enrarecedor" en la pedagogía y desplazando la discusión epistemológica por el discurso del estímulo respuesta y del condicionamiento operante. Algunos han visto en esta imposición paradigmática un dispositivo de control para adocenar las mentes y reducir la enseñanza a un ejercicio predeterminado de conductas esperadas según un modelo positivista de conocimiento[60].

Pero a partir de la década de los 60, la misma psicología comenzó a evidenciar las limitaciones de ese modelo tradicional y aprovechando la dinámica seguida por la epistemología piagetiana y los aportes de la psicología cognitiva, se orientaron a investigar los procesos cognitivos, a los que llamaron construcciones mentales. La mente es ahora concebida como un sistema procesador de información. Este campo de investigación se ha mostrado fértil para una mejor conceptualización del proceso enseñanza-aprendizaje o mejor para investigar cómo los sujetos construyen, asimilan y aplican conocimiento dando lugar a lo que se ha llamado la revolución cognitiva.

EL APORTE DE JEAN PIAGET

Una síntesis del aporte piagetano al desarrollo cognitivo puede presentarse en los siguientes puntos:

1.   El desarrollo cognitivo puede comprenderse como la adquisición sucesiva de estructuras lógicas cada vez más complejas que subyacen a las distintas áreas y situaciones que el sujeto es capaz de ir resolviendo a medida que crece.

2.   La teoría de Piaget ha permitido mostrar que en el desarrollo cognitivo existen regularidades y que las capacidades de los alumnos no son algo carente de conexión, sino que guardan relación unas con otras.

3.   Las estructuras lógicas poseen un orden jerárquico. En este sentido las adquisiciones de cada estadio formalizadas se incorporan al siguiente según un orden.

4.   El nivel de desarrollo cognitivo de cada sujeto determina la capacidad de comprensión y aprendizaje de la información nueva.

5.   Por consiguiente, no toda información es susceptible de aprendizaje y comprensión sino aquella que sea "moderadamente discrepante" de lo que ya se posee.

6.   Se postula entonces que lo que cambia a lo largo del desarrollo, son las estructuras, pero no el mecanismo básico de adquisición de conocimiento. Este mecanismo básico consiste en un proceso de equilibrio, con dos componentes interrelacionados de asimilación y acomodación. El primero se refiere a la incorporación de nueva información a los esquemas que ya se poseen y el segundo a la modificación de dichos esquemas.

Las investigaciones de Piaget son de tipo epistemológico y ocupan cerca de cuarenta años, sin embargo, la noción más difundida ha sido la referente a los estadios del desarrollo cognitivo que Piaget caracteriza así[61]:

ESTADIOS DEL DESARROLLO COGNITIVO	
Sensoriomotor (0-2 años)	Inteligencia práctica: Permanencia del objeto y adquisición del esquema medios-fines. Aplicación de este esquema a la solución de problemas prácticos.
Operacional Concreto (2-12 años)	Transmisión de los esquemas prácticos a las representaciones. Manejo frecuente de los símbolos. Uso frecuente de creencias subjetivas: animismo, realismo y artificialismo. Dificultad para resolver tareas lógicas y matemáticas.
Subperíodo Preoperatorio (2-7 años)	Mayor objetivación de las creencias. Progresivo dominio de las tareas operacionales concretas (seriación, clasificación, etc.)
Subperíodo de las Operaciones concretas (7-12 años)	Capacidad para formular y comprobar hipótesis y aislar variables. Formato representacional y no sólo real o concreto. Considera todas las posibilidades de relación entre efectos y causas.
Operacional Formal (12-15 años y vida adulta)	Utiliza una cuantificación relativamente compleja (promoción, probabilidad, etc.)

Pero más importante que la teoría de los estadios es la noción de invariantes funcionales que se dan en la construcción del conocimiento por parte de los individuos. Es bien sabido que la idea central de toda la teoría de Piaget es que el conocimiento no es una copia de la realidad ni tampoco se encuentra totalmente determinado por las restricciones que imponga la mente del individuo, sino que es el producto de una interacción entre estos dos elementos. Por cuanto el sujeto construye su conocimiento a medida que interactúa con la realidad. Esta construcción se realiza mediante varios procesos, entre los que se destacan los de *asimilación y acomodación*. En el caso del primero el individuo incorpora nueva información haciéndola parte de su conocimiento, aunque esto no quiere decir necesariamente que la integre con la información que ya posee. En cuanto a la acomodación se considera que mediante este proceso la persona transforma la información que ya tenía en función de la nueva.

El resultado final de la interacción entre los procesos de acomodación y asimilación es la *equilibración*, la cual se produce cuando se ha alcanzado un equilibrio entre las discrepancias o contradicciones que surgen entre la información que hemos asimilado y la información que ya teníamos y a la que nos hemos acomodado. Este proceso puede aplicarse a cualquier estadio de desarrollo cognitivo y es lo que llama Piaget invariables funcionales.

Para el constructivismo el aporte fundamental de Piaget es la noción de esquema ya que es gracias a ellos con los que se construye el conocimiento. Esta construcción se lleva a cabo bajo dos aspectos:

De la representación inicial que tengamos de la nueva información, a la actividad interna o externa, que desarrollemos al respecto.

Los esquemas son como instrumentos que sirven para una determinada función pero no para todas. Así como un destornillador se adapta para unas acciones pero no es apto para otras. "Un esquema es pues una representación de una situación concreta o de un concepto que permite manejarlos internamente y enfrentarse a situaciones iguales o parecidas en la realidad"[62].

DE KANT A PIAGET

El aporte de Piaget está en demostrar experimentalmente que las diferentes categorías kantianas no son "a priori" sino que se construyen permanentemente en las diversas etapas del desarrollo del niño al adulto. Piaget en su programa de investigación considera que todas y cada una de las categorías utilizadas por los científicos occidentales se construyen permanentemente tanto en los niños como en las ciencias.

Piaget, a diferencia de Kant, no está dispuesto a tratar el tema de la "realidad objetiva" independiente del sujeto que conoce.

Piaget habla de la realidad como lo conocido por los científicos en diferentes épocas y por los niños en diferentes etapas pero a diferencia de Kant no habla del *noúmeno* o realidad en sí misma. Admite sin embargo, que la llamada "realidad" sería algo así como el límite matemático al cual tiende la construcción que el niño y la ciencia hace, esto es la "realidad conocida".

Piaget termina por considerar que las categorías de las ciencias llegan a un estado final de desarrollo donde las estructuras lógico-matemáticas gobiernan a toda asimilación y constitución de conocimientos.

Comete el error de creer que las estructuras mentales tienen como estado de equilibrio final las estructuras del lenguaje lógico-matemático. Sus planteamientos terminan por describirse en el lenguaje de la teoría de conjuntos.

Hoy se considera que no toda estructura mental es lógico-matemática y que las mejores estructuras mentales no son las matemáticas. El estructuralismo lógico-matemático redujo la teoría piagetana de la mente humana.

Tampoco se acepta hoy que el sujeto asimila según la etapa de desarrollo en la que se encuentra, ya que en un mismo sujeto, a una edad determinada, pueden existir conceptos asimilados con estructuras diversas[63].

La crítica de Vigostky

Otra de las críticas a la teoría Piagetiana ha sido señalada por Vigostky quien considera que, aunque Piaget reconoce la importancia de los factores sociales en el desarrollo de la inteligencia, no profundizó acerca de este importante factor. En efecto Vigostky considera al sujeto como social por naturaleza y al conocimiento como un producto social por esencia.

Quizás el mayor aporte de Vigostky en esta dirección es el de considerar que todos los procesos psicológicos superiores (comunicación, lenguaje, razonamiento...) se adquieren primero en un contexto social y luego se internalizan. Y que también esta internalización es un producto del uso de un determinado comportamiento cognitivo en un contexto social.

Otro de los conceptos esenciales en la obra de Vigostky es el de la zona de desarrollo próximo "no es otra cosa que la distancia entre el nivel real de desarrollo, determinado por la capacidad de resolver independientemente un problema, y el nivel de desarrollo potencial, determinado a través de la resolución de un problema bajo la guía de un adulto o en colaboración con un compañero más capaz... El estado de desarrollo mental puede determinarse únicamente si se lleva a cabo una clasificación de sus dos niveles: del nivel real del desarrollo y de la zona de desarrollo potencial"[64].

Estos aportes muestran la importancia de la interacción con la cultura y complementan el trabajo de Piaget ya que muestran que también el conocimiento y sus estructuras se pueden desarrollar colectivamente. Estos planteamientos llevan a reconsiderar la relación entre desarrollo cognitivo y aprendizaje.

Otro punto de polémica aún vigente es el de la relación lenguaje-desarrollo cognitivo pues mientras Piaget sostiene que en la etapa preoperatoria (2-7 años) el lenguaje no contribuye mucho al desarrollo cognitivo, Vigostky, por el contrario, fue capaz de ver que dicho lenguaje realiza contribuciones importantes al desarrollo cognitivo del niño. Resultado del aporte de Vigostky es la consideración de que el aprendizaje no es una actividad individual sino social, lo cual ha sido corroborado en las investigaciones de la última década.

Ausubel y la psicología cognitiva

Por lo anteriormente expuesto queda claro que la capacidad cognitiva de los alumnos cambia con la edad y que esos cambios implican la utilización de esquemas y estructuras de conocimientos diferentes de las que se utilizaban hasta el momento.

Sin embargo, también es cierto que existen aspectos relativos al proceso cognitivo que casi no cambian. Ausubel es uno de los autores que más ha aportado a la idea de que en cualquier nivel educativo es preciso tener en cuenta lo que el alumno ya sabe, y lo que va a enseñarle puesto que ese nuevo conocimiento se asentará sobre el viejo.

El principal aporte de Ausubel ha consistido en la concepción de que el aprendizaje debe ser una actividad significativa para la persona que aprende y dicha significatividad está directamente relacionada con la existencia de relaciones entre el conocimiento nuevo y el que ya posee el alumno. Esta propuesta riñe con la concepción tradicional de aprendizaje como simple y mecánica transmisión de información teniendo en cuenta exclusivamente el punto de vista de la disciplina. Para Ausubel aprender es sinónimo de comprender y lo que comprendemos es lo que queda integrado a nuestra estructura conceptual.

Este planteamiento tiene importantes consecuencias para la enseñanza y para los fines de la educación y aún para la evaluación. Permite reconsiderar el error del estudiante ya no como simple ignorancia sino como un momento en la reelaboración del conocimiento nuevo con base en el que ya posee, o como un obstáculo para la comprensión, debido a la imposibilidad para la asimilación de un nuevo conocimiento.

El concepto más conocido de Ausubel es el de los "organizadores previos" que son presentaciones que hace el profesor con el fin de que le sirvan al alumno para establecer relaciones adecuadas entre el conocimiento nuevo y el que ya posee. Es decir, que si el profesor organiza los contenidos y los presenta para su comprensión antes de profundizar en los temas, entonces se pueden confrontar los significados que los alumnos manejan con los propuestos por el profesor desde sus esquemas conceptuales.

Contra Piaget, Ausubel señala la importancia del docente en la negociación de significados y de contenidos y la posibilidad de lograr comprender mensajes nuevos, pues como sabemos, para Piaget es más importante el descubrimiento individual de cada alumno por sí mismo según el estadio de su propio desarrollo, lo que hace improcedente la presentación de contenidos por parte del profesor.

La psicología cognitiva también ha hecho aportes significativos al ser humano como un organismo que realiza una actividad basada fundamentalmente en el procesamiento de información. Ya no se considera el aprendizaje como una mecánica asociación de estímulo-respuesta, sino que el interés ahora está centrado en el problema de la significación.

Hay autores que discuten si se puede llamar constructivistas a clásicos de la psicología como Novak, Gowin, Brunner y otros[65], pero en la medida en que todos enfatizan en la manera como el ser humano construye las significaciones (lingüísticas y no lingüísticas) relievan la importancia de desarrollar la función simbólica en estrecha relación con el conocimiento. Consideramos que además de Piaget o a veces contra él, el aporte de estas psicologías cognitivas es fundamental para una respuesta inicial sobre cómo se adquiere conocimiento.

"Quizás el mayor aporte del constructivismo en el nivel psicológico está en el haber desarrollado un método de investigación para ver cómo van construyendo los niños y los adolescentes aquellos objetos de conocimiento que se tratan en la vida escolar y en la vida cotidiana de las personas. Aquí lo importante no está en qué encontraron los piagetanos sino en cómo lo encontraron"[66].

En este punto es preciso aclarar que los conocimientos que nos aporta la psicología cognitiva pertenecen al dominio de la psicología experimental, desde el laboratorio a nivel de individuos y en contextos muy controlados[67].

La psicología cognitiva considera la mente humana comparable a un computador. Existe un soporte físico mediante el que se realiza la incorporación de la información (hardware) y por otro una serie de programas, instrucciones o estrategias que sirven para ordenar eficientemente la información que poseemos (software).

Dichos programas pueden ser analizados en pasos muy detallados y recogen cada uno de los elementos de nuestras acciones o pensamientos con respecto a un problema dado.

Otro aporte de la psicología cognitiva es la distinción entre "memoria a corto plazo" y "memoria a largo plazo". La segunda es la permanente donde se almacena toda la información recibida y la primera es la transitoria con la que se trabaja hasta que se hace la transferencia a la memoria permanente. Como la psicología cognitiva identifica memoria con conocimientos, entonces se postula que también la mente humana actúa como el ordenador y por tanto sólo conservará la memoria a corto plazo que haya tenido una cierta permanencia y haya cumplido algún papel en el proceso de conocimiento, es decir, sólo el aprendizaje significativo se envía a la memoria a largo plazo.

Según esto, la información pasa por la memoria a corto plazo, la cual es limitada y solo puede retener de 5 a 9 elementos, y solamente será conservada si se asocia con otras o se asimila rigurosamente por tener que utilizarla con alguna frecuencia y dentro de un contexto pleno de significado.

El conocimiento previo que tiene el alumno sobre un tema determinado influye decisivamente en la manera como procesa la información nueva que recibe sobre ese tema. Por tanto también influye en la eficiencia con que utiliza sus memorias a corto y largo plazo.

Consecuencias didácticas

Este tipo de desarrollo en la investigación epistemológica y en la psicología cognitiva abre un interesante campo para repensar los procesos de enseñanza y aplicar estrategias didácticas desde una nueva concepción pedagógica fundamentada en los hallazgos sobre la construcción del conocimiento humano.

Aunque no podemos hablar de una "pedagogía constructivista", sí es posible asumir la tarea de reconstruir la pedagogía con los aportes actuales de la Psicología y de la Epistemología. Ese es el reto que tenemos los docentes a finales del siglo XX.

Sin embargo, desde ya los docentes han comenzado a aplicar una didáctica desde el constructivismo, entendida como una estrategia eficaz para aplicar los hallazgos de la investigación al proceso de enseñar y aprender.

La didáctica constructivista aplica los siguientes principios a la enseñanza[68]:

1. *Principio de las estructuras previas.* Todo conocimiento consiste en asimilar nuevas experiencias en función de estructuras mentales disponibles con anterioridad.

2. *Principio de la acción-reflexión.* La investigación sobre procesos de asimilación de conocimiento se constituye en una alternativa para convertir la enseñanza en un objeto de conocimiento. Investigar la práctica pedagógica permite la conceptualización sobre los procesos de aprendizaje.

3. *Principios del contraejemplo y no del contraargumento.* El docente está pendiente para que en el desarrollo de la sustentación de concepciones previas se pueda incitar a la sospecha de que las cosas podrían ser de otra manera. Sembrar la duda, interrogar desde otra perspectiva, se ha mostrado productivo para desencadenar procesos de desequilibración que pongan al alumno en una actitud de búsqueda.

4. *Principio de recuperar la historia.* El docente que conoce la disciplina que enseña, puede también mostrar qué dice la historia cómo se fueron construyendo los conceptos y teorías que ahora se asumen como paradigmas explicativos.

5. *Principios de la traducción.* Consiste en la capacidad creativa del docente para ilustrar con ejemplos y experiencias concretas, con actividades lúdicas o actividades prácticas las ideas, teorías o conceptos fundamentales de lo que se quiere explicar.

6. *Principio de la especialización.* Para evitar que el docente sea un simple repetidor de una secuencia didáctica determinada, debe ser un especialista en la disciplina que enseña. Esto le permitirá seleccionar mejor los contenidos proponiendo nuevas formas de enseñanza.

7. *Principio del manejo didáctico del error.* Se trata de aprovechar los errores y equivocaciones de los estudiantes para reconstruir su proceso de compresión e identificar en qué momento comenzó la confusión.

8. *Principio de trabajar por proyectos.* Se trata de superar la memorización y la repetición y utilizar la comprensión de los temas para la solución de problemas reales.

9. *Principios de evaluación subjetiva.* Se trata de reconocer en cada sujeto los logros en sus niveles de comprensión en lugar de calificar, discriminar o cuantificar los contenidos de aprendizaje.

10. *Principios sobre los tipos de concimiento.* Reconocer que existen múltiples formas o estilos cognitivos y aplicar el principio: nadie conoce de la misma manera que otro. Inteligencias múltiples y estilos cognitivos diversos nos llevan a dar un tratamiento individualizado en el proceso de enseñanza y de evaluación.

Después de esta incursión en lo que podríamos llamar "desde dónde" de la propuesta de R, Porlán, pasamos a explicitarla.

¿Qué enseñar y aprender desde un Modelo Constructivista e Investigativo? (Ver cuadro 15) ¿Cómo enseñar según el modelo constructivista e investigativo? (Ver cuadro 16).

Cuadro 15.

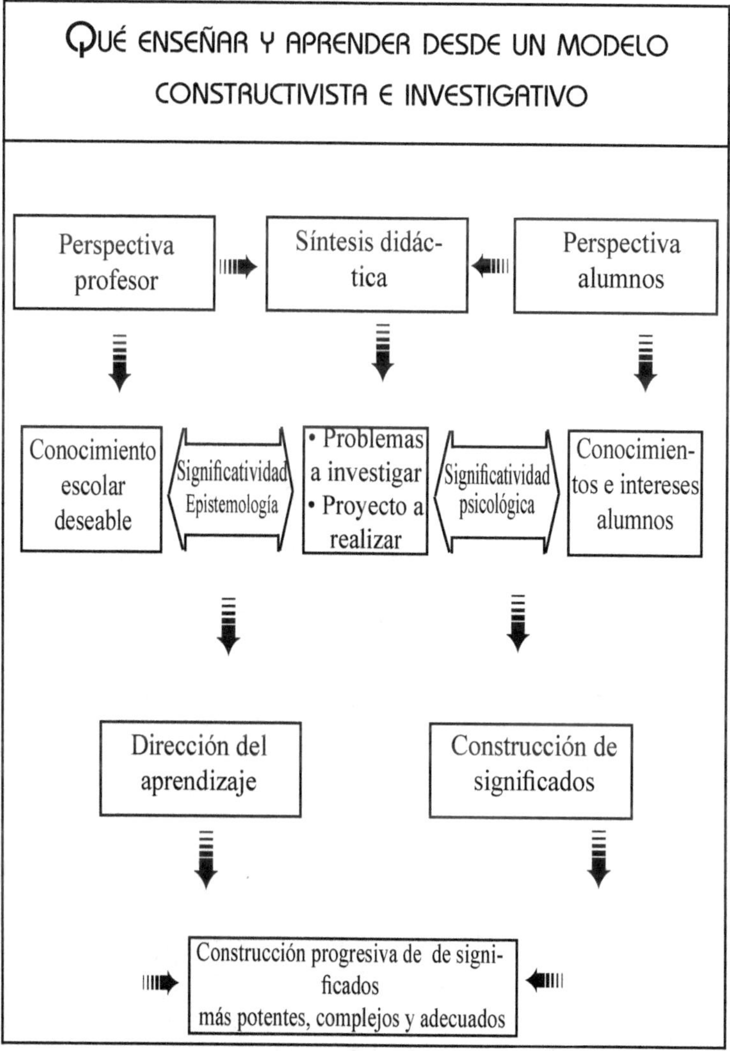

Cuadro 16.

LA METODOLOGÍA EN UN MODELO CONSTRUCTIVISTA E INVESTIGATIVO
Conocimientos e intereses de los alumnos
Prediseño profesores
Ampliación del campo de intereses de los alumnos
Reelaboración diseño profesores
Actuación en el medio
Estructuración, aplicación y generalización
Selección problemas e investigar
Proceso de construcción del conocimiento por los alumnos/as
Investigación problemas
Expresión y análisis concepciones alumnos sobre problemática
contraste con:
Textos
Explicaciones
Experiencias
Audiovisuales
Contraste entre las concepciones alumnos
Planificación de la investigación
Establecimiento de corrientes de opinión

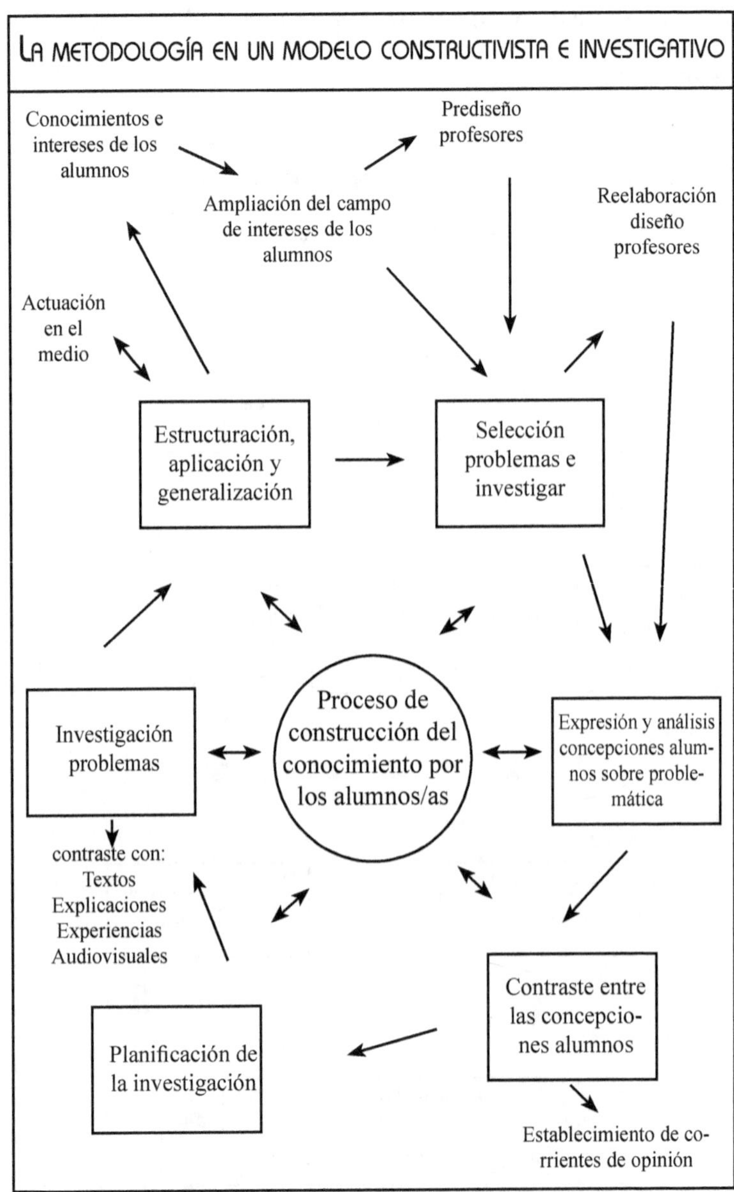

Como se esquematiza en el cuadro 16, es preciso tener en cuenta la perspectiva del profesor que está constituido por sus conocimientos disciplinares, por sus saberes acerca de los procesos de enseñanza y por su intencionalidad al orientar dichos procesos (significatividad epistemológica), pero también es preciso tener en cuenta la perspectiva de los alumnos que está constituida por los conocimientos previos, sus intereses y su cultura familiar (significatividad psicológica). La alternativa consiste en negociar estas dos perspectivas para que los problemas a investigar o los proyectos a realizar no solamente cuenten con la dirección del aprendizaje por parte del profesor sino que permitan la construcción de significados cada vez más ricos, complejos y adecuados por parte de los alumnos.

Se salvan así los contenidos, los intereses y la planeación de los procesos pero se evita la reducción de la enseñanza a uno solo de ellos.

Maestros, alumnos y saberes se relacionan democráticamente mediante la negociación que es una forma adecuada de argumentación respetuosa del otro y de su mundo.

La aplicación de este modelo supone un nuevo saber hacer profesional que conoce sus fundamentos y los aplica poniendo en funcionamiento hipótesis acerca de cómo lograr un mejor conocimiento de los fines de la educación.

Hipótesis que son contrastadas con la realidad y el contexto cultural y que pueden ser modificadas o complementadas en la evaluación permanente que se ejerce sobre ellos.

El docente construye una hipótesis sobre el conocimiento escolar deseable, es decir, sobre el conjunto de conceptos, procedimientos y valores cuyos significados se consideran convenientes, aunque no imprescindibles, que los alumnos construyan durante el proceso de enseñanza-aprendizaje, aceptando y respetando al mismo tiempo, la posibilidad de formulaciones y significados diversos.

Debe también organizar las actividades y tareas en torno a los problemas, centros de interés y proyectos de trabajo que, seleccionados con la participación de los propios alumnos, respondan a sus intereses más próximos, aun cuando el orden y la secuencia de los mismos no reflejen una estructura lógica disciplinar.

Se trata de combinar inteligentemente y con amplia dosis de flexibilidad lo que el profesor interpreta como conveniente y lo que el alumno siente como interesante.

El conocimiento escolar, así formulado, actúa más como guía que orienta la intervención del profesor (aportando contraejemplos, evidenciando aspectos no tenidos en cuenta por los alumnos, ayudando a descubrir relaciones, provocando dudas, indicando posibles soluciones...) que como un itinerario prefijado del recorrido cognoscitivo que el alumno necesariamente debe seguir.

 La dicotomía tantas veces mencionada, entre la significatividad epistemológica de los conocimientos (su correspondencia y adecuación con la lógica disciplinar) y la significatividad psicológica de los mismos (su proximidad a los esquemas e intereses de los alumnos) queda superada al introducir una tercera dimensión integradora: su significatividad didáctica.

Esta búsqueda de significatividad didáctica, rompe con los supuestos positivistas de los enfoques tradicional y tecnológico que suponen una concepción del conocimiento científico como algo acabado, como un conjunto de verdades absolutas comprobados por la experiencia y expresados matemáticamente ante los cuales el alumno sólo debe recibir pasivamente para repetir y memorizar de cara a un examen.

En este nuevo enfoque se reconoce que tanto los conocimientos disciplinares como los cotidianos son construcciones teóricas susceptibles de ser modificadas. La construcción de conocimientos es una interacción activa y productiva entre los significados que el individuo ya posee y las diversas informaciones que le lleguen del exterior. Al ser un proceso por el cual el sujeto elabora significados propios y no simplemente los toma o asimila, elabora también el camino específico de su progresiva evolución.

Momentos específicos de esta metodología investigativa

En concreto, esta metodología investigativa se puede estructurar en torno a los siguientes momentos específicos (ver cuadro 16):

1) *Prediseño de una unidad*, centro de interés u objeto de estudio por parte del profesor, o del equipo de profesores. La unidad en cuestión puede ser seleccionada, exclusivamente, por el profesor o ser el resultado de una negociación anterior con los alumnos.

2) *Actividades de expresión y ampliación del campo de intereses* de los alumnos, en relación con la unidad. Se trata de poner a los alumnos en situaciones diversas que les permitan descubrir los aspectos que más les interesen con respecto a la unidad. Al mismo tiempo, se pretende liberar sus actitudes de manera que vivan otras formas de estar y aprender en la escuela. Se busca crear un clima apropiado para participar sin inhibiciones en la expresión, discusión y contrastación de ideas, argumentos y puntos de vista diferentes.

3) *Actividades de selección y caracterización de problemas* significativos relacionados con la unidad. Plantear un buen problema es tan importante como investigarlo o resolverlo;

de ahí que convenga dedicar un tiempo a esta primera fase del proceso de construcción.

4) *Actividades de expresión y análisis de los esquemas previos* de los alumnos (Ontoria y otros, 1992). Se trata de diagnosticar las ideas e hipótesis de los alumnos en relación con la problemática seleccionada, de ayudarles a que tomen conciencia de las mismas y aprendan a valorarlas y cuestionarlas (Driver, 1986).

5) *Modificación y concreción del diseño* por parte del profesor, o del equipo de profesores, en función de los datos obtenidos en los apartados anteriores.

6) *Actividades de contraste entre los propios alumnos.* No todos los alumnos tienen las mismas concepciones y opiniones acerca de los problemas de la unidad. Organizar el contraste entre ellas es iniciar ya el proceso de evolución conceptual. Con estas actividades se podrán generar en la clase diferentes *corrientes de opinión* que actuarán como hipótesis organizadoras de la investigación de los alumnos.

7) *Actividades de planificación de la investigación* de los problemas seleccionados y de comprobación de las diferentes corrientes de opinión.

8) *Actividades de investigación de los problemas* y de contraste con otras fuentes de información (observaciones, experiencias, textos escritos, audiovisuales, explicaciones verbales, etc.) Este es el momento central de la propuesta metodológica. No se pretende poner al alumno en contacto con cualquier información, sino con aquélla que se considere adecuada para abordar los obstáculos de aprendizaje que se manifiestan en la investigación y que se encuentre próxima a sus niveles de formulación conceptual. No se

persigue cambiar concepciones supuestamente erróneas por otras correctas, sino hacer evolucionar las ideas de los alumnos de forma libre y consciente hacia formulaciones de mayor potencialidad, cuestionándolas, presentándoles contraevidencias, ampliando sus visiones, etc.

9) *Actividades de estructuración, aplicación y generalización.* Se trata de asegurar los cambios producidos dándoles estabilidad, ayudando a establecer relaciones significativas y poniéndolos a prueba con problemas y situaciones diferentes a los que han sido objeto de investigación. Se pretende también, en aquellos problemas que lo permitan, aplicar los conocimientos a situaciones prácticas, e incluso promover actuaciones en el medio escolar y extraescolar que favorezcan una dimensión social.

Durante la investigación de los alumnos, el profesor deberá realizar tres tipos de tareas:

a) *Sistematizar la información que posee acerca de las concepciones de los estudiantes.*

b) *Comparar la información anterior con las tramas de conocimiento que él ha elaborado previamente en relación con la unidad, para poder adaptar éstas al nivel de formulación de los alumnos.*

c) *Reelaborar las actividades diseñadas inicialmente, adecuándolas a los itinerarios didácticos establecidos, de manera que puedan promover adecuadamente las interacciones y reestructuraciones de las concepciones de sus alumnos.*

Hemos recorrido y ubicado con referencias a nuestro medio, la caracterización que hace R. Porlán de los distintos modelos pedagógicos que se expresan en enfoques curriculares susceptibles de identificación a partir de las preguntas básicas: ¿Qué enseñar?, ¿cómo enseñar?, ¿qué y cómo evaluar?

Encontramos los supuestos epistemológicos y pedagógicos que los fundamentan y señalamos los dilemas y problemas que tienen que enfrentar los docentes adscritos a estos modelos.

Dijimos también que estos modelos no se dan puros y que no son sacados de la teoría sino resultado de más de 10 años de investigaciones con una base empírica, realizadas por el equipo de didáctica de la Universidad de Sevilla.

En busca de una "síntesis integradora" que hiciera justicia a lo positivo de cada uno de los modelos pero que evitara los problemas inherentes a ellos y aprovechando el aporte de la epistemología y la psicología cognitiva, se presenta un modelo posible, desde la perspectiva Constructivista, acompañado de una Estrategia Didáctica. Pensamos que esta nueva propuesta tiene gran potencia para la innovación pedagógica en nuestro país y puede contribuir al mejoramiento de la calidad de los procesos de enseñanza.

Es por esto por lo que, de acuerdo con los objetivos de nuestra investigación, en la segunda parte confrontaremos el modelo con maestros innovadores en el Departamento de Boyacá-Colombia.

Anexo

Por considerar de importancia mostrar cómo puede pasarse de la teoría a la práctica, incluimos una experiencia realizada en la Escuela de Enfermería de la Universidad Pedagógica y Tecnológica de Colombia.

Estrategia curricular y didáctica desde una perspectiva constructivista

Desde 1996 el equipo de docentes de la Escuela de Enfermería de la U.P.T.C. ha venido buscando alternativas para el mejoramiento cualitativo de la docencia.

Las razones de esta búsqueda tienen que ver con las exigencias de la Ley 30 respecto de los fines de la educación a nivel universitario[1] pero también con la necesidad de superar los diagnósticos tan alarmantes que se hacen sobre la calidad de la educación a nivel superior[2] y mucho más, con la misión de la Escuela de Enfermería[3].

Es por esto por lo que en el primer semestre de 1996 decidimos integrar un equipo de docentes que elaborara un proyecto novedoso, flexible, interdisciplinario e investigativo que mostrara otras formas de hacer la clase como expresión de otras formas de pensar acerca del currículo, la pedagogía y la didáctica.

El equipo integrado por los profesores Cecilia Rodríguez (enfermera), Henry Gallardo (estadístico), Alfonso Tamayo (filósofo) decidió implementar un proyecto con carácter investigativo cuya finalidad era poner a funcionar hipótesis curriculares para el mejoramiento de la enseñanza.

Partimos de la hipótesis de que transformando las rutinas tradicionales de hacer la clase, buscando una mayor participación de los alumnos, dándole mayor pertinencia social y académica a los temas y permitiendo que los alumnos expresaran sus formas propias de ver los problemas, se lograría un aprendizaje más significativo y con ello la calidad de la educación no solamente se mejoraría sino que tendríamos criterios pedagógicos para calificarla o evaluarla.

El proyecto es novedoso ya que trata de hacer cosas distintas a lo tradicional, tiene unos fundamentos tanto desde el punto de vista de la teoría del conocimiento como desde una concepción pedagógica constructivista, todo el proceso se sistematiza en cada sesión, y aunque lleva tres semestres de aplicación, está siempre abierto a la evaluación de cualquiera de sus elementos[4].

Más allá de lo tradicional

Por muchas razones, las formas de enseñanza en la universidad han legitimado un ritual eterno de memorización, repetición, obediencia y transmisión de contenidos seleccionados por el profesor, expuestos por el profesor y calificados por el profesor. Él es el que sabe y es quien decide sobre las estrategias más afortunadas para cumplir con los objetivos que él mismo ha diseñado como los que deben cumplirse en su clase.

Nosotros partimos de preguntarnos: ¿Ha sido siempre así? ¿cuáles son las razones para hacerlo así? ¿se puede hacer de otra manera?

La principal razón que encontramos para responder a esas preguntas es la tradición: así lo hemos visto hacer, así nos dijeron que había que hacerlo y así nos enseñaron a nosotros cuando estudiábamos.

Otra de las razones encontradas por el grupo fue también la débil formación en pedagogía y en didáctica que tenemos los profesores de la universidad colombiana. En efecto, como lo han señalado algunas investigaciones al respecto[5], la explosión desmesurada de universidades en la década de los 80 permitió la llegada de docentes a las universidades con un carácter eminentemente profesionalizante donde toda la fortaleza de la enseñanza y de la formación estaba en el dominio de las disciplinas o ciencias a enseñar.

Pero las cosas pueden también ser de otra manera y decidimos buscar apoyo en las modernas teorías sobre la enseñanza y el aprendizaje con el fin de romper esa manera tradicional de hacer las cosas.

LOS FUNDAMENTOS

Dos obras nos ayudaron en esta búsqueda, la propuesta de reestructuración curricular del profesor Nelson López y el libro de R. Porlán sobre alternativas didácticas desde el constructivismo[6].

Gracias a estos aportes pudimos considerar el currículo, no como la simple sumatoria de asignaturas y la mecánica distribución de los contenidos según un orden temático, sino como un conjunto de estrategias que se ponen en marcha para cumplir los fines de cada programa. Estrategias que tienen que ver con las múltiples relaciones que cruzan la interacción comunicativa entre estudiantes, profesores, conocimientos, procesos, valores, lenguajes y actitudes, y con el contexto mismo en el cual se desarrollan los procesos de construcción colectiva.

Pudimos también consolidar una estrategia didáctica que partiera de los saberes previos de los estudiantes y se establecieran procesos de negociación entre lo que el grupo de profesores consideraba conveniente enseñar y lo que los estudiantes encontraban como deseable aprender.

La interdisciplinariedad

Antes de la experiencia, existían tres materias a las que se asignaban tres profesores: Epistemología, Metodología de la investigación y Bioestadística, pero con esta nueva estrategia pudimos unirlas gracias al aporte interdisciplinario bajo la denominación: Seminario de investigación. A diferencia de las clases tradicionales donde cada profesor transmite lo que sabe en lo que considera su clase, en este grupo se trató de responder a núcleos temáticos con el aporte de cada uno de los especialistas, desde su propio enfoque. Responder preguntas abiertas con el aporte de cada una de las disciplinas (enfermería, filosofía, estadística) permitió generar un diálogo de saberes y establecer una cultura del debate lo cual ha resultado mucho más productivo que la simple transmisión de contenidos de conocimiento.

Se construyeron núcleos temáticos, estos se redujeron a bloques programáticos y después a preguntas. Todos los profesores asisten a la misma clase y con los alumnos debaten las respuestas, renunciando a la posesión de la verdad absoluta sobre cualquiera de los temas, pero haciendo un esfuerzo serio por construir consensos documentados y coherentes como fruto de la lectura y el diálogo.

La participación

Partimos de las concepciones previas de los estudiantes y se organizaron debates sobre las mismas, los profesores aportaron también sus puntos de vista y gracias a la discusión organizada y argumentada, se pudo llegar a algunos consensos. Después se vio la necesidad de profundizar con base en lecturas y conferencias para, finalmente, confrontar los saberes previos con los logros obtenidos después de las lecturas. El aprovechamiento de profesores invitados especiales, visitantes extranjeros le da mayor pluralidad a los enfoques.

La flexibilidad

Tanto la hipótesis inicial sobre el aprendizaje significativo, como el desarrollo mismo del proceso está abierto a los cambios que una reflexión colectiva y permanente con los miembros del grupo vaya proporcionando: cambios en los contenidos, en el método, en la forma de argumentar, en las presentaciones de los informes y aún en los horarios.

La evaluación

Todo el proceso está sujeto a evaluación permanente de cara a los fines que se buscan y la participación en el proceso es el único criterio que permanece como pauta para evaluar el desarrollo y el trabajo del grupo. De la insistencia en las notas y en la repetición mecánica de contenidos se pasa a una mirada permanente y crítica, con la participación del colectivo, sobre el proceso mismo. Después de cada clase o sesión el grupo de profesores dedica una hora para intercambiar experiencias y planear la próxima sesión.

Cuadro Sinóptico sobre la estrategia curricular y didáctica[7]

Práctica pedagógica transformadora	Estructura curricular	Modelo pedagógico constructivista	Fundamentación epistemológica ética-cultural social
1. Prediseño	12. Proyecto	20. Modelo pedagógico	22. Ecología conceptual
2. Negociación	13. Flexible	21. Reconstrucción desde la propuesta	23. Sujeto activo
3. Diseño colectivo	14. Investigativo		24. Ética comunicativa
4. Identificación pre-conceptos	15. Con pertinencia social y pertinencia académica		25. Cultura como forma de vida
5. Debate			
6. Profundización	16. Participativos		26. El conocimiento como un proceso de construcción individual y social
7. Selección problemas a investigar	17. Interdisciplinario		
8. Realización del proyecto	18. Evaluación permanente		
9. Presentación informe	19. Formador de valores		
10. Confrontación con la realidad			
11. Evaluación			
Evaluación permanente			

Seminario de investigación (Nivel 1.)

Núcleos Temáticos	Bloques programáticos	Preguntas
1. El problema del conocimiento humano.	1.1. Origen del conocimiento. 1.2. Clases de conocimiento. 1.3. Criterios de verdad y validez del conocimiento.	1. ¿Dónde se origina el conocimiento? 2. ¿Se puede construir conocimiento sin los sentidos? 3. ¿Qué papel desempeña el cerebro y la percepción en el proceso de conocimiento? 4. ¿Es el sujeto activo o pasivo en el conocimiento? 5. ¿Qué es una actividad mental y cómo opera en el proceso?
2. El conocimiento científico.	2.1. Naturaleza y características del conocimiento científico. 2.2. Clases de ciencia y métodos de investigación científica. 2.3. Historia de la ciencia y dinámica de los paradigmas.	6. ¿Cómo se distingue el conocimiento científico del conocimiento común? 7. ¿Cómo ha evolucionado el concepto de ciencia? 8. ¿Cuál es la diferencia entre ciencia natural y ciencia social?

		9. ¿Es válido el dilema entre lo cuantitativo y lo cualitativo? 10.¿Cómo sabemos que un conocimiento es verdadero? 11.¿Cuál ha sido el aporte de K. Popper, T. S Khun, I. Lakatos, S. Toulmin, E. Morin? 12.¿Se puede conocer sin lenguaje? 13. ¿Cómo es el proceso cognitivo en los niños, según
3. Estatuto epistemológico de la enfermería	3.1. La enfermedad: un arte, una disciplina, una ciencia. 3.2. La práctica de la enfermería como cuidado. 3.3. La investigación en enfermería.	14.¿Qué tipo de conocimiento es posible construir en enfermería? 15.¿Cúales son las razones para sostener que la enfermería es una ciencia?

Muchas son las experiencias que hemos vivido en la implementación de esta novedosa propuesta. Muchos son los obstáculos que hemos tenido que afrontar pero muchas son también las satisfacciones que van quedando como elementos positivos que nos reafirman en nuestra hipótesis inicial.

Lo primero que encontramos es la sorpresa de los estudiantes. Algunos consideran que es mejor hacer las cosas como se acostumbra y encuentran que demasiado debate es perder el tiempo. Otros pensaron que la materia es tan difícil que tuvieron que traer tres profesores, algunos señalaron que privilegiar el debate es permitir que los que más hablan sean los que se apropian del proceso y no dejan que otras formas de expresar la comprensión de los temas aparezcan en la clase.

La cultura del colectivo entendida como la capacidad para trabajar en equipo es algo que todavía se hace difícil, no sólo entre los estudiantes sino también entre los profesores.

A nivel de la Escuela esta experiencia es tolerada como algo novedoso, pero todavía no se adopta como una alternativa plena para la construcción curricular.

Los constantes cambios de profesores, cada semestre, hacen que se tenga que empezar a explicar el proceso cuando llega un nuevo profesor.

Pero existen referencias que nos parecen positivas y que enunciamos a continuación:

1.   Asumir una actitud de búsqueda colectiva es una experiencia que rara vez se tiene en la U.P.T.C. En realidad no existe una cultura del trabajo colectivo y al aceptar el reto estamos

abriendo la posibilidad de crear otras condiciones para el ejercicio de la docencia en la universidad. Este hecho, el cambio de actitud, es algo eminentemente positivo.

2. Instaurar una *Cultura del debate*, como la hemos llamado, ha permitido que se respeten las ideas de los estudiantes, de cada uno de los profesores y que se construya conocimiento a través del intercambio o acción comunicativa, usando la argumentación, respetando la lógica de las razones que se aducen y haciendo un ejercicio lógico para adherir al mejor argumento, al más razonable. Pero también ha permitido respetar la diferencia de opinión y valorar las múltiples perspectivas desde las que se argumenta. Hemos aprendido a vivir productivamente en medio de las diferencias y esto es ya un gesto real de *Democracia* en el aula.

3. Reconocer los intereses y los deseos del estudiante ha permitido que el tema a tratar tenga pertinencia social, es decir, que sirva para algo, que apunte a la transformación de los esquemas conceptuales y actitudinales y sobretodo ha permitido la *confrontación* entre los saberes académicos desde las disciplinas y el mundo de la vida en el que se mueve el estudiante.

4. Sin perder seriedad en el tratamiento de los temas y el enfrentamiento de los problemas, los especialistas en Epistemología, Metodología de la Investigación y Bioestadística hemos integrado nuestras disciplinas de acuerdo con las necesidades del debate y el tema, como también hemos ejercitado la virtud de la paciencia para resistir al afán tradicional de "dictar clase".

5. *El clima* del aula es horizontal en la relación maestro-estudiantes y en general, más que maestros que lo saben todo y asumen posiciones dogmáticas, lo que hemos tratado de

construír es un ambiente de aprendizaje donde todos colaboran a la búsqueda sincera de los mejores argumentos para mantener una posición respecto del tema en cuestión. Esto no quiere decir que los profesores jueguen a que no saben nada e hipervaloren la opinión de los estudiantes sino que el rol del profesor cambia pues en lugar de transmitir verdades acabadas e inobjetables, diseña, por medio de contrapreguntas o ejemplos, escenarios de interrogación y de búsqueda que ponen al estudiante en la vía de la investigación y de la sospecha.

6.   El carácter investigativo e innovador de la propuesta hace que se mantenga una mirada vigilante y permanente sobre cada uno de los procesos con el fin de evaluar los resultados a lo largo del mismo. Se insiste en tener memoria escrita de cada una de las sesiones y se valora la producción textual de cada grupo de trabajo, pero se analiza con rigor la calidad y se señalan elementos que ayuden a su mejoramiento.

7. En el colectivo, todos aprendemos de todos y es posible reconocer la claridad de la argumentación de los estudiantes, a diferencia de la de los profesores en algunos casos, o aceptar las propuestas para cambiar el rumbo en el tratamiento de un tema o sobre la manera de hacer una presentación o una exposición.

8. Superar el tipo de evaluación tradicional, que se reduce a las tradicionales cinco preguntas o al trabajito en grupo, por una mirada permanente sobre todo el proceso, proceso negociado y elaborado en el colectivo ha sido poner a prueba la idea de que si se transforman las estrategias de enseñanza mediante la aplicación de un nuevo modelo pedagógico, entonces la evaluación solamente tiene que responder a la pregunta por las transformaciones significativas que se suceden en el grupo y en los sujetos como resultado de la

participación y el ejercicio de la responsabilidad en cada una de las etapas del modelo didáctico.

Testimonios y evidencias[9]

A continuación registramos algunos testimonios de los estudiantes, expresados en los textos escritos como una forma de evaluación.

Luz Dari Laverde

Al discutir en clase los temas terminé confundida y desconcertada, ya no sabía qué pensar de todo lo que se habló; afortunadamente los textos que se nos dieron para leer y luego comparar con todo lo dicho me despejaron y hasta me hicieron cambiar de opinión en algunos casos, claro que al principio no, porque al comentarlos se generó otras controversias, pero al final, creo que ya empecé a formar mis propios criterios, los cuales según lo discutido, los tomaré como verdaderos hasta que no se demuestre lo contrario, o los cambiaré en la medida que se muestren otros más contundentes.

Maria Piedad Barrera

En la asignatura Seminario de Investigación I, que corresponde al nuevo plan, ha cambiado el esquema que se traía en el plan curricular antiguo y esto trae beneficios ya que la misma escuela se ha concientizado, que nosotros los estudiantes no sólo debemos saber una serie de conocimientos teóricos y prácticos sino que también tienen gran importancia para nuestra formación las humanidades, y se les debe volver a dar el valor que ellas tienen.

En sí, el desarrollo de la clase contribuye a la formación de ideas propias sobre los diferentes temas, que se están tratando, puede que éstas estén erradas o no, pero lo importante es que empecemos a pensar por nosotros mismos, este logro se debe a que los maestros no vienen a darnos una clase magistral donde ya esté dicho todo, sino que se da el espacio para la reflexión, expresamos lo que creemos y lo defendemos, estamos logrando ser un poco más críticos y poco a poco seremos más coherentes entre lo que expresamos.

1.   He llegado a la meta que me propuse con el curso. Mi meta es hacerme una idea más clara de temas de epistemología que van a servirme en mi formación personal y yo creo que sí lo estoy logrando porque al menos, si no hemos sacado una conclusión, esto nos ayuda a pensar más, a tener ideas, etc.

2.   ¿Qué tipo de transformación en la manera de ver los temas ha surgido en mí? Como lo dije anteriormente estoy aclarando conceptos que ya tenía de epistemología, ya que los temas que estamos tratando son sobre ésta.

        Pero sí se ha transformado ya que muchas veces estaba en errores por ejemplo que el conocimiento entra por los sentidos.

AURA LUCÍA TOLOZA

Yo logré pensar por mí misma y buscar conocimiento, dejar a un lado la memorización, seguiré buscando.

La clase de Seminario de Investigación I es más participativa en la medida en que nosotros mismos pensemos en cada interrogante propuesto. La metodología es buena porque nos forma con criterios más nuestros. Se nos permite pensar, opinar y escribir lo que se vive en cada clase. Además se aprende a respetar la opinión del otro, así no la compartamos. Nada está escrito, cada uno de nosotros es libre de pensar. Lo único que nos falta es llegar a conclusiones de cada clase.

Claudia Patricia Velásquez

1.	Sentí la necesidad de analizar y no limitarme a obtener ideas y luego olvidarlas. Ahora pienso que puedo dar valiosos aportes y no sólo adquirirlos porque otros ya lo han pensado y es algo absoluto.

2.	Hemos aprendido a romper esquemas tradicionales, somos positivos y nos sentimos con mucha capacidad para aportar nuestros pensamientos y hacerlos valer. También aprendemos a ser flexibles para cambiar nuestra opinión si nos argumentan datos objetivos para mirar hacia otros puntos de vista y confrontarlos con los nuestros.

La clase de Seminario nos ha impactado, quizá por el cambio radical de metodología, pues se nos motiva a reflexionar e interpretar una serie de ideas que ya poseemos y otras que obtenemos de escritos u otros recursos ya establecidos, sin embargo el hecho de experimentar que no todo lo que pensamos es cierto llegó a una situación de choque con nuestros propios criterios y pudo hacernos sentir en cierto grado "ignorantes".

Aprendimos a escuchar diversas opiniones, aclarar dudas, expresarnos y lo más importante tal vez fue evidenciar que nosotros podemos dar valiosos aportes y sacar buenas conclusiones de los temas expuestos y no limitarnos a memorizar y luego olvidar datos de otros autores que ya estén establecidos; en otras palabras tuvimos la opción de pensar apoyándonos en muchas herramientas y teniendo en cuenta la posibilidad del error en nuestros planteamientos.

Yamile Niño López

Los dos sabios

En la antigua ciudad de Afkar, vivían dos sabios, cada uno de los cuales desdeñaba y rechazaba el saber del otro.

El uno era ateo; el otro creyente.

Un día se encontraron en el mercado, y en medio del público, se pusieron a discutir acerca de la existencia y la no existencia de los dioses. Tras largas horas de discusión se regresaron para la casa.

Y en la noche de ese mismo día, el ateo se fue al templo a arrodillarse ante el altar y a pedir perdón a los dioses por sus pasados errores, mientras que el creyente quemaba sus libros y se volvía ateo.

Khalil Gilbran.

Retomé este cuento, porque en sí resume lo que pasó en clase de Seminario, donde todos creímos tener nuestras ideas muy firmes y claras, pero al escuchar otras posiciones cambiamos o complementamos las nuestras. Pero aún vemos que muchos no sabemos escuchar y limitamos nuestro deseo del saber, creyendo que lo único cierto y verdadero es lo que cada uno piensa. Es irónico notar estas posiciones, cuando en clase se recalcan cosas como: saber que no se sabe es la primera posición de la ciencia, no hay nada más sabio que escuchar, aprender es retomar cosas de los demás, etc.

En sí para mí los logros hasta ahora en las clases de Seminario han sido muy positivos en el plano individual, ya que cada uno ha retomado o ha afianzado lo que le parece verídico, confiable y de real interés, desarrollándose el sentido crítico y autocrático en cada persona; el cuestionar y cuestionarse en todo momento para así hacer las ideas más certeras para cada uno. Además que la metodología empleada es más dinámica y sobretodo respeta y retoma ideas individuales.

LILIANA CUSPOCA

Nunca me había cuestionado sobre tantos aspectos del conocimiento y estoy segura que los profesores tampoco. Siempre adquirimos y tabulamos datos, tratábamos ¿por qué, de dónde nace, por qué nació, cómo nació?

Al vernos enfrentados al hecho surgió en nosotros un gran interrogante que nos acechaba, nos acompañaba y nos perseguía en vigilia y en sueño.

Antes de empezar la materia creía que iba a ser aburrida y difícil. Ahora ha nacido en mí la necesidad de buscar, de leer, y analizar mejor las cosas, a cada persona y valorar los criterios de los demás.

Finalmente podríamos decir que en este poco tiempo que hemos compartido en clase ha surgido en mí una transformación, una nueva luz para ver las cosas, nuevas perspectivas y manera de interpretar cada una de las formas que se nos ponen de manifiesto diariamente. Como persona soy consciente de que puedo lograr por mí misma grandes triunfos, que puedo empezar a cambiar esa actitud facilista y además que no debo menospreciar los criterios de los demás pues cada uno en su profesión y labor es un "maestro" que nos puede aportar mucho ya que conociendo las ideas de los demás puede disciplinar la mente, organizar mejor nuestro pensamientos y logros, crear nuevas ideas con fundamentos mucho más profundos, con menos errores que los otros y lo más importante lograr mejores resultados con criterios propios.

ERIKA PINTO

Considero que he aprendido a leer, entender y realizar los ensayos, como requisito en esta clase, en los que he podido expresar mis pensamientos libremente: así como he aprendido a respetar la opinión de cada uno, porque como dice el profesor Tamayo, la opinión de cada uno vale: pero no tenemos la verdad absoluta.

CITAS BIBLIOGRÁFICAS DEL ANEXO

1.   Ley 30 de 1992

2.   *Colombia al filo de la oportunidad. Misión de ciencia y tecnología*. Editorial. MAGISTERIO. Bogotá.

3.   *Proyecto académico institucional*. Escuela de Enfermería. UPTC. 1997.

4.   AGUILAR, Francisco. *Las innovaciones educativas*. U.P.N. Bogotá.

5.   PARRA S., Francisco. *La universidad*. FES-COLCIENCIAS. Tomo IV. Bogotá.1996.

6.   PORLÁN, Rafael . *Constructivismo y escuela*. Edit. Diada. Sevilla. LÓPEZ J., Nelson *La reestructuración curricular en la educación superior.* ICFES-U. SUR COLOMBIANA. Bogotá.1996.

7.   TAMAYO V., Alfonso. "Alternativas didácticas y curriculares desde el constructivismo". En: *Acción Pedagógica*. No. 8 UPTC. 1996

8.	LÓPEZ Nelson. Op.Cit cap III.

9.	*Seminario de investigación*. Escuela de Enfermería. Evaluación. 1996.

Citas bibliográficas

1) PORLÁN, Rafael. *Constructivismo y escuela.* Cap I. Edit. Diada. Barcelona. 1994.

(2)   MOCKUS, Antanas y otros. *Las Fronteras de la escuela.* Edit. Magisterio. Bogotá. 1995. cap II.

(3)   HOYOS, Guillermo y otros. *Pedagogía de los valores ciudadanos* FES. MEN. Bogotá. pág 11-30.

(4)   GARCÍA CANCLINI, Néstor. *Culturas híbridas.* Edit. Grijalbo. México. 1989.

(5)   CEPAL-UNESCO. *Educación y conocimiento.* LC/G 1702 (Santiago de Chile, 1992)

(6)   AGUERRONDO, Inés. "La Calidad de la Educación", En: *Revista iberoamericana de educación.* OEI. Madrid N° 5. 1994. pag 561.

(7)   CEID-FECODE. *Revista educación y cultura. No 1* Bogotá. 1984.

(8) ZULUAGA, Olga Lucía. "El florecimiento de las investigaciones Pedagógicas". En: *Pedagogía, discurso y poder.* Edit. COPRODIC. Bogotá. 1990. pag 176-201.

(9) Presidencia de la República.DNP.MEN. "Plan de apertura educativa". En: *Revista educación y cultura.* CEID-FECODE. Nº 23. Bogotá. 1991.

(10) *Misión de Ciencia y Desarrollo. Documento de los Sabios, Informe conjunto.* MEN. 1994.

(11) LUCIO, Ricardo y otra. *La Educación superior.* Ed. Universidad Nacional - Tercer Mundo. Bogotá. 1992

(12) MANTILLA, Ángela María. "Qué encontró Samper en Boyacá'. En *Revista Gran Boyacá. Nº 3* - abril 1995- página 8.

(13) Ministerio de Educación Nacional. SABER. *Evaluación de la calidad de la educación básica.*

(14) PORLÁN, Rafael. Op. Cit.

(15) REFORMA EDUCATIVA SINDIMAESTROS-FECODE. Tunja: Abril de 1994.

(16) FECODE, *Revista educación y cultura Nº 1.* Julio de 1984.

(17) Ministerio de Educación Nacional. *Lineamientos para la formación de maestros.* Quirama, 1995.

(18) EDU.CO, *Revista de estudios en investigación.* Santa Fe de Bogotá: MEN. Vol. 1 Nº 1. 1998. pág. 60.

(19) ASSAEL, Yenny. *Innovación, investigación y perfecciona-miento docente. Encuentro entre innovadores e investiga-dores en educación.* Santa Fe de Bogotá: CAB., ICFES., MEN. pág. 45.

(20) EDU.CO. *Estándares educativos internacionales, nueva política curricular y calidad de la formación de docentes en Colombia.* Santa Fe de Bogotá: Editor Víctor Manuel Gómez, 1998. pág. 100.

(21) MOCKUS, Antanas y Otros. Op. cit.

(22) ZULUAGA, Olga Lucía. *Pedagogía e historia.* Santa Fe de Bogotá: Editorial Foro, 1987.

(23) BERNSTEIN, Basil. *La construcción social del discurso pedagógico.*

(24) TAMAYO V., Alfonso. "Reseña: Las fronteras de la Escuela". En: *Revista Educación y Pedagogía N° 12-13,* Universidad de Antioquia. "Más allá del Constructivismo". Tunja: U.P.T.C. Acción Pedagógica N° 18, 1998.

(25) RIVERO, Ana. *Formación permanente del profesorado de ciencias de la E.S.O.* Sevilla, 1997. Tesis Doctoral Depar-tamento de Didáctica, Universidad de Sevilla España.

(26) ZULUAGA, Olga Lucía. "Educación y pedagogía una di-ferencia necesaria". En: *Educación y cultura N° 14,* Marzo 1988. pág. 4-10.

(27) CALDERÓN, Judith; PACHECO, Dabeiba y SÁNCHEZ, Carolina. *Identificación de los fundamentos pedagógicos en las prácticas de enseñanza de los maestros de Iza,*

Boyacá. Tunja, 1997. Trabajo de grado (Licenciatura en Psicopedagogía). Universidad Pedagógica y Tecnológica de Colombia. Áreas de pedagogía y didáctica.

(28)   Ibid y FLÓREZ R. Batista E. *El pensamiento pedagógico de los maestros*. Medellín: Editorial Copiyepes, 1982.

(29)   MARTÍNEZ B., Alberto. "Escuela para el aprendizaje o enseñanza para el pensamiento". En: *Revista educación y cultura N° 13*. Bogotá 1987. pág. 50.

(30)   TAMAYO, Alfonso. Reseña "Maestros artesanos intelectuales". En: *Revista educación y cultura N° 20*. Bogotá, Julio 1990. pág. 68.

(31)   PORLÁN, R. y Otros. "Conocimientos profesional y epistemología de los profesores". En: *Revista Enseñanza de las ciencias*, 1997, 15 (2) p. 155 - 171

(32)   Ibid. p. 156.

(33)   STENHOUSE, POPE y SCOTT, SCHÖN, BROME, CALDERHEAD, DAY et al, SHULMAN, etc.

(34)   PORLÁN, R. Op. cit.

(35)   BONILLA, Elsy y otra. *Más allá del dilema de los métodos*. Bogotá: Universidad de los Andes - CEDE, 1995. p. 22.

(36)   Ley 115 de 1994 y Decretos Reglamentarios.

(37)   TAMAYO, Alfonso. "Observaciones sobre la educación Colombiana" En: *Revista Cultura. N° 138*, Noviembre de 1995. Tunja: I.C.B.A. p. 72-76.

(38) *Revista Latinoamericana de Innovaciones Educativas*. Año VI, N° 18. Argentina: O.E.A., 1994. p. 42.

(39) TAMAYO, Alfonso "Alternativas Didácticas desde el Constructivismo". En: *Acción pedagógica. N° 8*. Tunja: UPTC-CIEFED, Septiembre de 1996. p. 5.

(40) BUSTAMANTE, Guillermo. "Cuestionamiento al rito Pedagógico". En: *Homenaje a E. Zuleta*. Tunja: Edit. La Rana y el Águila, 1990. p. 65.

(41) PORLÁN, Rafael. En: *Revista Investigación en la escuela*. U. de Sevilla.

(42) RIVERO, Ana. *La formación permanente del profesorado de Ciencias. Tesis doctoral*. Sevilla, 1996.

(43) Ibidem. p. 20

(44) GARCÍA, Eduardo. *Epistemología de la complejidad y enseñanza de la ecología*. Tesis Doctoral Universidad de Sevilla, 1995.

(45) DE TEZANOS, Aracely. *Maestros, artesanos intelectuales*. Bogotá: CIUP-UPN 1985.

(46) MARTÍNEZ BOOM, Alberto y Otros. *Currículo y modernización*. Bogotá: Edit. Foro, 1994.

(47) FLÓREZ, Rafael y BATISTA, Enrique. *El pensamiento pedagógico de los maestros*. Medellín: Edit. Copy Yepes, 1982.

(48) RIVERO, Ana. Op. cit. pág. 21.

(49) PORLÁN, R. "Las creencias pedagógicas y científicas de los profesores". En: *Enseñanza de las Ciencias de la Tierra, Nº 3 (1)*. Sevilla. p. 7.

(50) RIVERO, Ana. Op. cit. p. 23.

(51) FES - COLCIENCIAS - TM EDITORES. *Proyecto Atlántida.* Francisco Cajiao y Otros. Bogotá, 1995.

(52) PORLÁN, Rafael. Op. Cit. p. 156.

(53) Ibid. p. 158.

(54) Ibid. p. 159.

(55) PORLÁN, R. "Hacia una fundamentación epistemológica de la enseñanza". En: *Revista Investigación en la Escuela, Nº 11*. Sevilla, 1996.

(56) MORIN, Edgar. *Introducción al pensamiento complejo.* Barcelona: Editorial Gedisa, 1996. p. 13.

(57) KANT, E. *Crítica de la razón pura.* 7a. Edición. Buenos Aires: Editorial Losada, 1973.

(58) ZULUAGA, Olga Lucía. "Educación y Pedagogía". En: *Revista educación y cultura. Nº 14*. Marzo 1988.

(59) LUCIO, Ricardo. "El enfoque constructivista en la educación". En: *Revista educación y cultura. Nº 34*, Junio de 1994. p. 6

(60) CARR, Kemmis. *Teoría crítica de la enseñanza.* Barcelona: Editorial Martínez Roca.

(61) CARRETERO, Mario. *Constructivismo y educación.* Buenos Aires: Editorial Aique, 1993. p. 36.

(62) Ibidem. p.21

(63) BUSTOS C., Félix. "Constructivismo". En: *Revista Actualidad educativa. Nº 1.* Enero-Marzo de 1994. p. 29.

(64) CARRETERO, Mario. Op. cit. p. 25.

(65) BUSTOS C., Félix. Op. cit. p. 32.

(66) Ibidem. p. 33.

(67) CARRETERO, Mario. Op. cit. p. 29.

(68) BUSTOS, Félix. Op. cit. p. 35.

(69) GARDNER, Howard. *La mente no escolarizada.* Cap. I. Edit. Paidos, 1994.

Colección
Mesa Redonda

1. INVESTIGAR PARA CAMBIAR
   Un enfoque sobre investigación
   acción participante
   Jorge Murcia Florián

2. PENSAR Y ACTUAR
   Un enfoque curricular para la educación integral
   Clara Franco de Machado

3. RÉGIMEN DISCIPLINARIO DOCENTE APLICADO
   Defensa, pruebas, procedimiento, tipicidad
   Pablo Julio Poveda Veloza

4. INTERROGAR O EXAMINAR
   Un enfoque sobre la evaluación en el medio educativo
   Juvenal Nieves Herrera

5. CRÓNICA DEL DESARRAIGO
   Historia del maestro en Colombia
   Alberto Martínez Boom
   Jorge O. Castro, Carlos E. Noguera

6. BIOGRAFÍA DEL PENSAMIENTO
   Estrategias para el desarrollo de la inteligencia
   Miguel de Zubiría, Julián de Zubiría

7. SABER PEDAGÓGICO
   Una visión alternativa
   Rómulo Gallego Badillo

8. PROMOCIÓN AUTOMÁTICA Y ENSEÑANZA DE LA LECTOESCRITURA
   Rodolfo Posada A., Carmelina Paba

9. ÉTICA Y EDUCACIÓN
   Aportes a la polémica sobre los valores
   Autores varios

10. INVESTIGACIÓN TOTAL
    La unidad metodológica en la investigación científica
    Hugo Cerda

11. ENSEÑANZA DE LA HISTORIA A TRES NIVELES
    Darío Betancourt Echeverry

12. EDUCACIÓN Y SEXUALIDAD
    Abriendo caminos
    Autores varios

13. MAESTROS, ALUMNOS Y SABERES
    Investigación y docencia en el aula
    Eloísa Vasco M.

14. LA DEMOCRACIA ES UNA OBRA DE ARTE
    Humberto Maturana

15. CORRIENTES CONSTRUCTIVISTAS
    De los mapas conceptuales
    a la teoría de la transformación intelectual
    Royman Pérez, Rómulo Gallego-Badillo

16. CÓMO ELABORAR PROYECTOS
    Diseño, ejecución y evaluación
    de proyectos sociales y educativos
    Hugo Cerda

www.ingramcontent.com/pod-product-compliance
Lightning Source LLC
Chambersburg PA
CBHW051429150726
48000CB00005B/2012